LLÊN DINEFWR

GOLYGYDDION

A. Eleri Davies

W. Dyfrig Davies

Dewi Myrddin Hughes

Eluned Rees

Wilbur Lloyd Roberts

Pwyllgor Llên Eisteddfod Genedlaethol Bro Dinefwr

Argraffiad cyntaf—Awst 1996

ISBN 1 85902 329 0

Argraffwyd gan
Wasg Gomer, Llandysul, Ceredigion

RHAGAIR

Daeth y syniad am y llyfr hwn mewn cyfarfod o Bwyllgor Llên Eisteddfod Genedlaethol Bro Dinefwr 1996. Penderfynwyd llunio cyfrol a fyddai'n apelio at y darllenydd achlysurol a'r myfyriwr ysgol a choleg. Pigion am yr ardal a chan lenorion yr ardal a geir ynddi a'r rhai hynny naill ai wedi eu geni yn y fro neu wedi byw yma. Nodir o dan enw'r awdur y cysylltiad gyda'r fro. Ein gobaith yw y bydd i'r gyfrol arwain y darllenydd i chwiliota a darllen yn ehangach. Wrth gwrs, nid oes disgwyl i ni blesio pawb a diau y bydd i rai gredu ein bod wedi mynd ar ôl yr amlwg neu heb gynnwys gwaith pawb o lenorion y fro. Os caiff y gyfrol hon dderbyniad gwresog, mae'n fwriad gan y pwyllgor bach gyhoeddi chwaer gyfrol iddi yn y dyfodol.

Yr ydym yn ddyledus i'r awduron a'u teuluoedd am roi caniatâd i ni gyhoeddi eu gwaith. Codwyd y gwaith i gyd o gyhoeddiadau eraill a chysylltwyd hyd at eithaf ein gallu gyda phob cyhoeddwr. Os bu i ni fethu gyda hyn - ymddiheuriwn ymlaen llaw. Diolchwn i'r cyhoeddwyr canlynol am eu cymorth: Tŷ John Penri; Gwasg Gwynedd; Llys yr Eisteddfod Genedlaethol; Y Lolfa; Cyhoeddiadau Barddas; Gwasg Gee; Gwasg Gomer; Gwasg Christopher Davies, Cyhoeddiadau Urdd Gobaith Cymru.

Diolch arbennig iawn i Dyfed Elis Griffiths a John Lewis o Wasg Gomer am eu cymorth parod ac i'r Wasg am eu gwaith glân a chywir. Diolch hefyd i Shân Evans am y gwaith teipio cymen.

Llwyddwyd i ariannu'r gyfrol drwy rodd hael Gŵyl Dinefwr a noddwyr ledled Cymru. I'r caredigion hynny - diolch am eich ffydd ynom fel golygyddion. Mae'r beiau sy'n aros yn feiau yr ydym fel golygyddion yn eu derbyn.

Boed i'r gyfrol hon ddathlu dyfodiad ein gŵyl genedlaethol i'n plith a rhoi oriau o ddarllen a phori pleserus i'r darllenydd.

A.Eleri Davies, W. Dyfrig Davies, Dewi M.Hughes,
Eluned Rees, Wilbur Lloyd Roberts.

CHWEDL LLYN Y FAN FACH

Gomer M.Roberts

CHWEDL Y MAE RHAI YN DWEUD SY'N DYDDIO NÔL I'R OES HAEARN.

Llyn unig gerllaw un o Fannau uchaf y Mynydd Du yw Llyn y Fan Fach. Gerllaw iddo gynt fe drigai gwraig weddw a'i mab. Un diwrnod o haf, wrth fugeilio gwartheg ei fam ar y Mynydd Du, fe welodd y mab forwyn deg odiaeth yn eistedd ar wyneb y llyn, yn cribo'i gwallt. Cynigiodd iddi dafell o fara barlys, a thamaid o gaws. Dynesodd y forwyn ato, gan ei osgoi'r un pryd, a dywedyd:

Cras dy fara,
Nid hawdd fy nala.

Ymsuddodd yn ôl i'r dŵr. Aeth yntau adref at ei fam a dywedodd wrthi yr hyn a welsai. Dywedodd hithau wrtho am fynd eto at y llyn a chynnig iddi ddarn o does bara. Aeth drachefn i lan y llyn ac arhosodd yno'n ofer am oriau. Pan oedd ar fin cerdded i lan arall y llyn i ddiogelu rhai o wartheg ei fam rhag craig beryglus, fe welodd y forwyn megis ag o'r blaen. Cynigiodd iddi y toes bara llaith ond fe'i hosgódd gan ddywedyd:

Llaith dy fara,
Ti ni chara.

Diflannodd unwaith eto gan wenu'n dyner arno. Cyngor nesaf y fam oedd cynnig iddi fara heb fod na chras na llaith. Ar ôl aros yn hir ar lan y llyn fe welodd olygfa ryfedd. Gwelodd wartheg teg yn cerdded yn araf ar wyneb y dŵr, a thu ôl iddynt y forwyn brydferth yn eu bugeilio. Gwenodd arno, cymerodd ei fara, a gadawodd iddo ymafael yn ei llaw. Addawodd fod yn wraig iddo, ond pe digwyddai iddo roi iddi dri ergyd diachos y byddai'n rhaid iddi ymadael ag ef. Diflannodd dan y dŵr, ond cyn hir fe ddaeth i fyny ddwy forwyn brydferth a hen ŵr penwyn, tal. Dywedodd yr hen ŵr wrtho y câi ef ei ferch yn wraig iddo pe gallai ddweud p'run o'r ddwy forwyn oedd hi. Yr oeddynt mor debyg i'w gilydd â dwy gneuen, ac yr oedd ar fin rhoi i fyny'r dasg o ddweud p'run oedd p'run, ond sylwodd ar un ohonynt yn symud ei throed ymlaen ychydig. Nododd hi allan yn gywir, a dywedodd yr hen ŵr wrtho y rhoddai iddi'n waddol gynifer o ddefaid, gwartheg, geifr a cheffylau ag y gallai eu rhifo ag un anadl. Ond, pe digwyddai iddo ei tharo'n ddiachos deirgwaith, y gorfyddai iddi ddychwelyd i'r llyn, hyhi a'i holl dda. Rhifodd y forwyn cyn gynted ag y gallai, "Un, dau, tri, pedwar, pump, un, dau, tri, pedwar, pump," etc., a daeth yr anifeiliaid allan o'r llyn yn union fel y rhifai hi hwynt.

Trigai y pâr ieuanc yn hapus am flynyddoedd yn Esgair Llaethdy, gerllaw pentref Myddfai, a ganed iddynt dri o feibion. Un diwrnod, gwahoddwyd hwy ill dau i fedydd yn yr ardal, ond taerai'r wraig ieuanc fod y ffordd yn rhy bell i gerdded yno. Gorchmynnodd iddi ddal y ceffyl ar y cae cyfagos, ac aeth yntau i'r tŷ i nôl ei menyg. Daeth allan o'r tŷ drachefn, a phan welodd nad aethai i'r cae fe'i tarawodd yn ysgafn ar ei hysgwydd gan ddywedyd, "Dos, dos." Atgofiodd ef am y tri ergyd diachos, a rhybuddiodd ef am fod yn ofalus. Ddiwrnod arall, mewn priodas, dechreuodd y wraig ieuanc lefain yn wylofus. Cyffyrddodd Rhiwallon â hi ar ei hysgwydd, a gofynnodd iddi pam yr wylai. Dywedod hithau wrtho fod y gwŷr ieuainc newydd briodi yn sicr o fynd i ofid, a bod ei ofid yntau'n debyg o ddechrau'n fuan gan iddo ei tharo ddwywaith yn ddiachos.

Aeth y blynyddoedd heibio, a thyfodd y llanciau i fyny'n ddynion heini a doeth. Un diwrnod, mewn angladd, dechreuodd y wraig chwerthin allan yn iach. Cyffyrddodd Rhiwallon â hi'n ysgafn, a dywedodd wrthi am fod yn dawel. "Pan fydd pobl yn marw," meddai, "ânt allan o'u gofid." Yna, gan fynd allan o'r tŷ, dywedodd, "Ffarwel! Rhoddwyd imi yr ergyd olaf." A chan gerdded tuag Esgair Llaethdy hi alwodd y gwartheg wrth eu henwau:

Mu wlfrech, Moelfrech,
Mu olfrech, Gwynfrech,
Pedair cae tonfrech,

Yr hen Wynebwen,
A'r las Geigen,
Gyda'r tarw gwyn
O lys y Brenin,
A'r llo du bach
Sydd ar y bach,
Dere dithe yn iach adre!

Dilynodd y gwartheg hi, hyd yn oed y llo du bach a oedd wedi ei ladd ac yn hongian ar y bach. Yr oedd pedwar ŷch yn aredig ar y maes, a galwodd ar y rheini hefyd,

Pedwar eidion glas,
Sydd yn y ma's,
Deuwch chwithe
Yn iach adre.

Aeth y pedwar ar ei galwad, gan groesi'r mynydd a llusgo'r arad ar eu hôl nes gwneuthur cwys ddofn a welir hyd y dydd hwn. Diflannodd y forwyn a'i gwartheg i gyd yn nyfroedd dyfnion y llyn.

Aeth ei phlant i edrych amdani lawer gwaith i ymyl y llyn, ac un bore daeth hithau atynt gerllaw Dôl Hywel wrth Lidiart y Meddygon, a dywedodd wrth Riwallon, y mab hynaf, mai ei waith ef bellach fyddai iacháu dynion oddi wrth eu clefydau. Dysgodd feddyginiaeth iddo, a'r modd i ddefnyddio llysiau. Daeth yn enwog fel meddyg cyn hir, ac ef oedd meddyg y tywysog Rhys Gryg o Ddinefwr. Bu ei feibion, Cadwgan, Gruffudd, ac Einion, yn hynod hefyd fel meddygon, ac y mae meddyginiaethau'r teulu wedi eu diogelu hyd heddiw a'u hargraffu'n Gymraeg, Saesneg, a Ffrangeg. Dyna'r stori fel yr adroddid hi gan rai o hen drigolion y Mynydd Du. Daeth i lawr o genhedlaeth i genhedlaeth fel y dywed yr hen bennill:

Yr hen ŵr llwyd o'r cornel
Gan ei dad a glywodd chwedel,
A chan ei dad y clywodd yntau,
Ac ar ei ôl mi glywais innau.

Ceir enwau ar ffermydd hyd heddiw ym mhlwyf Myddfai sy'n coffáu enwau rhai o'r meddygon enwog, sef Llwyn Ifan Feddyg, Llwyn Meredudd Feddyg, Pant y Meddygon, etc.

Dywed traddodiad i'r tad a'i feibion wneuthur ymgais i wacáu'r llyn, ond cawsant eu rhwystro gan anghenfil mawr, salw. Peth cyffredin yn y ganrif o'r blaen oedd i'r werin ymweld â'r llyn ar y Sul neu'r Llun cyntaf o Awst. A dywedir hefyd y byddai morwyn y llyn yn dod i'r golwg ambell waith, ac wedi cynhyrfu'r dŵr diflannai am flwyddyn arall. Eithr nid oes neb wedi ei gweld hi bellach ers blynyddoedd, a thebyg yw na welir mohoni mwyach, canys y mae'n huno'n dawel gyda'i thad a'i phobl a'i gwartheg ar waelod Llyn y Fan Fach.

CULWCH AC OLWEN

Dafydd a Rhiannon Ifans

DAW'R DETHOLIAD HWN O'R 'MABINOGION', HEN STRAEON SYDD WEDI EU CADW MEWN LLAWYSGRIF SY'N DYDDIO O'R BEDWAREDD GANRIF AR DDEG, ER BOD LLE I GREDU FOD Y STRAEON DIPYN HŶN NA HYNNY.

Galwodd Arthur Wyn ap Nudd ato a gofyn iddo a wyddai ef ddim am Twrch Trwyth. Fe ddywedodd yntau na wyddai.

Yna, fe aeth yr holl helwyr cŵn i hela'r moch i Ddyffryn Llychwr. Ac fe ruthrodd Grugyn Gwallt Ereint a Llwydawg Gofyniad arnynt a lladd yr helwyr cŵn fel na ddihangodd dyn ohonynt yn fyw ond am un gŵr. Dyma a wnaeth Arthur, dod â'i luoedd i'r lle yr oedd Grugyn a Llwydawg ac yna gollwng arnynt bob ci a nodesid. Ac oherwydd y trwst a wnaed yna a'r cyfarth, fe ddaeth Twrch Trwyth a'u hamddiffyn hwy. Ac er pan ddaethent dros fôr Iwerddon ni welsai ef hwy hyd hynny. Yna, disgynnodd gwŷr a chŵn arno. Ymdrechodd yntau i deithio i Fynydd Amanw ac yna y lladdwyd banw o'i foch ef. Ac yna fe ymladdwyd fywyd am fywyd gydag ef ac yna fe laddwyd Twrch Llawin. Ac yna fe laddwyd un arall o'i foch—Gwys oedd ei enw. Ac oddi yna fe aeth i Ddyffryn Amanw ac yna fe laddwyd Banw a Benwig. Nid aeth yr un o'i foch oddi yno gydag ef yn fyw ond Grugyn Gwallt Ereint a Llwydawg Gofyniad.

O'r lle hwnnw fe aethant i Lwch Ewin, ac fe oddiweddodd Arthur ef yno. Safodd ei dir yno. Ac yna lladdodd ef Echel Forddwyd Twll ac Arwyli fab Gwyddawg Gwyr a llawer o wŷr a chŵn hefyd.

Ac oddi yna fe aethant i Lwch Tawy. Ymadawodd Grugyn Gwrych Ereint â hwy yna ac fe aeth Grugyn oddi yna i Ddin Tywi. Ac oddi yna fe aeth i Geredigion, ac Eil a Thrachmyr gydag ef, a lliaws gyda hwy hefyd. Ac fe ddaeth i Garth Gregyn ac yno y lladdwyd Grugyn yn eu plith, ac fe laddodd Ryddfyw Rhys a llawer gydag ef. Ac yna fe aeth Llwydawg i Ystrad Yw. Ac yno fe gyfarfu ag ef wŷr Llydaw. Ac yna fe laddodd ef Hir Peisawg brenin Llydaw, a Llygadrudd Emys a Gwrfoddw, ewythredd Arthur, brodyr ei fam. Ac yna, fe'i lladdwyd yntau.

BALED LLYN LLECH OWAIN

Aeres Evans a John Marshall Morgan

NID OES SICRWYDD PWY YW'R OWAIN YN Y STORI—
DYWED RHAI MAI UN O FARCHOGION ARTHUR, ERAILL MAI OWAIN
GLYNDŴR AC ERAILL FYTH OWAIN LAWGOCH.

Un p'nawngwaith braf a thesog,
A'r haul yn lliwio'r lli,
Daeth marchog dan ei ludded blin
Dros ael y Mynydd Du.

Ymlwybrai'n llesg ac unig
Drwy'r hesg a'r crinwellt cras,
A'i farch yn pwyo'r doldir sych
Am ffynnon oer ei blas.

Heibio i Graig y Ddinas
Y daeth dros ddôl a thwyn,
Nes cyrraedd crib y Mynydd Mawr -
Erwau y grug a'r brwyn.

Ac yno, clywodd fwrlwm
Rhedegog rhwng y gro,
A gweled ffynnon ddisglair, glir
Â llechen iddi'n do.

Mawr fu llawenydd Owain
Wrth ddrachtio'r grisial win
A lifai'n rhad o'r ffynnon fach
I farch a theithiwr blin.

Anwesai'r hesg y ffynnon
Yn esmwyth ar bob llaw,
Gan isel furmur—"Cofia'r llech,
Neu dial, dial ddaw."

Mynych a hir fu'r drachtio
O ddŵr y ffynnon glir,
A'r ddau i suon, "Dial ddaw",
Syrthiodd i drymgwsg hir.

Disgynnai'r nos yn ddistaw,
A'r haul a giliai draw
I ddwys ddarogan rhwng y brwyn -
"Daw dial—dial ddaw".

Ond doedd na ddim a dorrai
Ar hedd a melys hun
Yno ar ael y Mynydd Mawr
Y ddau gysgadur blin.

Cododd yr haul o'i wely,
A'i wres gynhesai'r wawr
Gan alw'n awr o'u melys gwsg
Dylwyth y llwyn a'r llawr.

Dihunodd Owain yntau
I furmur dyfroedd mwyn
Yn taro'n esmwyth ar y graig
A sisial rhwng y brwyn.

Cododd mewn brys a phryder,
A chofiodd yn ei fraw
Am lechen do, a'r rhybudd clir -
"Daw dial—dial ddaw!"

Chwiliodd ymysg y cerrig,
A thuriodd lannau'r lli -
Ble roedd y llechen oedd yn do?-
Pa le—pa le roedd hi?

Ond na—doedd dim i'w weled
Ond llyfndra dyfroedd maith,
Ac awel fwyn yn crychu'r don
Wrth chwarae ar ei thaith.

Yn drist, cyfrwyo eto
Y march gan dremio'n syn
Wrth weld mai bwrlwm ffynnon fach
A drôdd yn eang lyn.

Brawychu a charlamu
A dianc dros y bryn
A charnau'r march yn wreichion tân
Wrth hollti glannau'r llyn.

Os ewch i Lyn Llech Owain,
Cewch weld—mae hynny'n ffaith -
Ôl carnau'r march ddaeth yno gynt
Un dydd, o'i siwrne faith.

Ac Owain? Ple'r aeth hwnnw?
Does neb ŵyr ple'r aeth o -
Ddim mwy na phle mae'r llechen fach
I'r ffynnon gynt fu'n do.

HWIANGERDDI / RHIGYMAU

Anhysbys

AWDURIAETH YN ANHYSBYS OND MAENT YN HWIANGERDDI A RHIGYMAU TRADDODIADOL O FRO DINEFWR.

Hen wraig fach a basged o wye
O Landeilo i Landybïe:
Ar y bont ar bwys Llandybïe
Fe gwympodd y fasged
A lawr aeth y wye.

Llifio, llifio coed Llandeilo,
I wneud coffrau bach ceiniogau;
Coffr i ti a choffr i minnau,
Coffr i mi a choffr i tithau.

Llifio, llifio
Coed Llandeilo,
Hollti pren bedw
Yng ngallt yr hen weddw;
Peth at lwyau,
Peth at ffiolau,
Peth at focsys bach dimeiau,
Dimeiau, dimeiau, dimeiau,
Dimeiau, dimeiau, dimeiau.

"Ble mae Mam-gu?"
"Ar ben y Mynydd Du."
"Pwy sy' gyda hi?"
"Oen gwyn a maharen du;
Fe aeth i lan dros yr heol gan,
Fe ddaw i lawr dros yr heol fawr."

Ding dong bele,
Canu cloch 'Bertawe;
Tynnu'r rhaff o dan y drws
A chanu cloch y Betws.

Ar y ffordd wrth fynd i'r Betws
Gwelais wraig yn codi tatws;
Dwedais wrthi am beidio â chwysu
Fod y bara wedi'i grasu.

CAERLWYTGOED

Patrick Thomas

HANES Y DDOGFEN SY'N CYNNWYS Y GYMRAEG YSGRIFENEDIG GYNHARAF.

Llyfr prydferth tu hwnt a grewyd gan arlunydd meistrolgar rhywbryd yn yr wythfed ganrif yw Efengylau Caerlwytgoed. Yn fy marn i Cymro oedd creawdwr y campwaith hwn (tuedd ysgolheigion Saesneg, sy'n pwyso'n drwm ar ragfarnau Beda, hanesydd a fu'n casau'r Cymry o waelod ei galon, yw dweud nad oedd neb yng Nghymru ar y pryd gyda digon o allu i greu llyfr o'r fath—gosodiad cwbl hurt). Yn y nawfed ganrif dyn o'r enw Cingal oedd perchen y llyfr. Penderfynodd Gelhi ap Arihtuid, uchelwr o ardal Llandeilo, ei fod am gael gafael ar y llawysgrif hardd, ac felly fe roddodd ei geffyl gorau i Cingal mewn cyfnewidiad amdano. Cyflwynodd Gelhi y llyfr efengylau "i Dduw a Sant Teilo er mwyn ei enaid" a bu'r llyfr ar allor Eglwys Llandeilo hyd y ddegfed ganrif.

Pan oedd y llyfr yn Llandeilo ysgrifennwyd cytundebau pwysig ynglyn â thir ac eiddo cysylltiedig â 'familia Teliaui' ('teulu Teilo') ar ymyl tudalennau'r llawysgrif. 'Teulu Teilo' oedd yr holl Gristnogion yn ein cylch (yn cynnwys rhai Brechfa) a fedrai olrhain eu ffydd yn ôl i genhadaeth Sant Teilo yn Sir Gaerfyrddin yn ôl yn y chweched ganrif. Iaith y cytundebau hyn yw cymysgedd hynod o Gymraeg a Lladin. Yn ôl yr ysgolhaig ac ieithydd o'r ddeunawfed ganrif Edward Lhuyd dyma rai o'r enghreifftiau cynharaf o'r iaith Gymraeg ysgrifenedig sydd wedi goroesi.

Sylweddolodd Lhuyd mai cyfeiriad at enw lle oedd un o'r geiriau rhyfedd ar ymyl y tudalennau sef 'bracma'. Nid oedd yr arferiad o dreiglo yn hollol sefydlog yn y Gymraeg yn y cyfnod cynnar, ac felly ffurf hynafol o 'Brechfa' oedd 'bracma' cyn i'r 'm' dreiglo'n 'f' yn ôl yr ysgolhaig. Yn anffodus 'roedd rhwymwr diofal wedi torri ymyl y ddalen ac felly nid yw'r cytundeb sy'n ymwneud â Brechfa yn gyflawn. Ond dyma drosiad ohono i'r Saesneg a wnaethpwyd gan W. J. Rees, Ficer Casgob, yn y ganrif ddiwethaf:

"This writing sheweth that Rhys and Hirv... Brechva as far as Hirvaen Gwyddog, from the desert of Gelli Irlath as far as Camddwr. Its rent payment is sixty loaves, and a wether sheep, and a quantity of butter. Almighty God is witness; Sadwrnwydd the Priest, witness; Nywys, witness; Gwrgi, witness; Cwdhwlf, witness; of the laity, Cynwern, witness; Collwyn, witness; Cyhorged, witness; Erbin witness. Whoever will keep it shall be blessed; whoever will break it shall be cursed."

Yn ffodus iawn fe allwn lanw'r bwlch yn y cytundeb gan fod yna gytundeb arall yn y llawysgrif sy'n defnyddio'r un geiriau ac sydd wedi'i arwyddo gan yr un tystion. Mae'r cytundeb hwn yn cyfeirio at Rhys a llwyth Grethi yn rhoi lle o'r enw Trevwyddog /Trefwyddog 'Deo et Sancto Eliudo' ('i Dduw a Sant Teilo'). Mae'n debyg, felly, mai cyfeirio at Brechfa yn cael ei roi 'i Dduw a Sant Teilo' oedd y darn a dorrwyd i ffwrdd gan y rhwymwr esgeulus.

Sut gallwn ni fod yn sicr mai ein Brechfa ni yw 'bracma' y llawysgrif? Mae bodolaeth Ffynnon Deilo ac Eglwys Sant Teilo ym Mrechfa yn awgrymu cysylltiad rhwng y Sant a'r ardal sy'n mynd yn ôl, mwy na thebyg, i gyfnod Teilo ei hun. Fe wyddwn yn sicr hefyd mai rhan o diroedd Eglwys Llandeilo Fawr oedd plwyf Brechfa ar ddechrau'r Canol Oesoedd. Bu Brechfa ymhlith y tiroedd a gafodd eu trosglwyddo o Eglwys Llandeilo i Abaty Tal-y-llychau gan Iorwerth, Esgob Tyddewi rhwng 1215 a 1229. Ond y mae tystiolaeth ychwanegol ar ymyl tudalennau llyfr Caerlwytgoed i gadarnhau y ffaith mai ein Brechfa ni yw 'bracma'.

Nid yw'r cysylltiad rhwng Brechfa a Gwyddgrug mor amlwg i ni heddiw ag ydoedd i'n cyndadau. Yn y Canol Oesoedd 'roedd yn llawer haws fel arfer i deithio dros y mynydd-dir nag ar hyd cymoedd coediog. Mae Map yr 'Ordnance Survey' 1831 yn dangos yn blaen yr heolydd oedd yn cysylltu Brechfa â Gwyddgrug bryd hynny. Hen lwybrau â'u tarddiad yn ôl cyn y Canol Oesoedd hyd yn oed. 'Roedd Gwyddgrug, fel Brechfa, yn rhan o diroedd Teilo a roddwyd gan Esgob Iorwerth i'w hen Abaty yn Nhal-y-llychau. Ac y mae enw Gwyddgrug, yn ogystal ag enw Brechfa, yno ar ymyl tudalennau llawysgrif hynafol Caerllwytgoed.

Yn ôl yr Efengylau 'roedd y tir a roddwyd gan Rhys a'i gyfaill yn ymestyn o Brechfa hyd at 'Hirmain Guidauc'—sef 'Hirfaen Gwyddog' i ddiweddaru'r sillafiad. Awgrymodd W.J.Rees mai'r Gwydderug modern oedd y 'Gwyddog' yma. Yn fy marn i cyfeiriad at Gwyddgrug sydd yn y cytundeb arall hefyd, lle roddir 'Treb Guidauc'—sef 'Tref Gwyddog'—i Dduw a Sant Teilo. 'Tref Gwyddog' oedd yr ardal sydd erbyn heddiw yn bentref Gwyddgrug. 'Hirmain Gwyddog' oedd rhyw faen hir ar y mynydd rhwng Brechfa a Gwyddgrug a fu'n arwydd o'r ffin rhwng y ddwy ardal. Mae digon o feini hirion cyntefig wedi goroesi yn ein cylch—tybed a yw 'Hirmain Gwyddog' yn eu plith? Mae'r cyfeiriadau hyn at Gwyddgrug yn cadarnhau mai Brechfa yw 'Bracma' y llawysgrif.

Pa mor dda oedd Hywel Dda? Mae rhai haneswyr yn dweud mai ef oedd yn gyfrifol am ddiflaniad yr Efengylau hardd o Landeilo. Rhodd i Frenin Lloegr er mwyn cadw'r cwch yn wastad oedd y llyfr, yn ôl yr arbenigwyr hyn. Stori wahanol sydd gan ysgolheigion eraill sy'n honni bod y llyfr wedi cael ei ddwyn naill gan filwyr o Loegr ar gyrch i mewn i Gymru neu gan fynachod diegwyddor o Gaerlwytgoed oedd yn digwydd galw heibio i Eglwys Llandeilo. Mae un peth yn sicr. Erbyn diwedd y ddegfed ganrif 'roedd y Llyfr Efengylau yn Eglwys Gadeiriol Caerlwytgoed, àc yno y mae o hyd.

MOLIANT LLYWELYN AP GWILYM

Lewys Glyn Cothi. (1425-1489).

UN O FEIRDD YR UCHELWYR A NODDWYD GAN DEULU DINEFWR.

Pa dŷ o Gymru a ddwg ym—lawer?
Tŷ Lewis ap Gwilym.
Pond da yw'r tŷ yna ym,
pond hwn yw'r penty einym?

Penty ŵyr Domas, penty irwydd—serch,
penty Siôn Ap Gruffydd,
penty clod a diodydd,
pond hwn yw fo, pond hyn fydd?

Hyn yma a gaf, hen amod—a wnaf,
gan Ifor Brynhafod;
henaur ym fal rhannu'r ôd,
hyn oedd dda, a hen ddiod.

Diod rhag syched, diwyd—giniawa,
bwyd rhag newyn hefyd,
dillad a thân rhag annwyd,
a da bath lonaid y byd.

Y byd o ddynion fal i'r Badd—a â
oddyna i'r noddfa nadd;
deg dengwaith, tair iaith un radd,
naw naw-waith awn i'w neuadd.

Fy lle'n y neuadd sy'n gyfaddas,
fy ngwely gwedy'i doi o gadas;
fy euro â chloth-of-Aras—a wnâi,
fy nhai yw ei dai, nai Eneas.

Caraf Frynhafod fal priodas,
a'i llaw a'i harddwrn oll a'i hurddas,
cariad Eliwlad pan las—ar ei wlad,
cariad y gleisiad ar y môr glas.

Ni rown Lywelyn gan faint ei ras
    er tyrau Gwynedd, er tir Gwanas;
  nid rhaid ym wrth nerth un tras—nac un clyd,
  nid rhaid rhyd o'r byd ar y dŵr bas.

Ei garu y mae ei deuluwas,
    agoriad rhyfel a gwayw eirias;
  galwer yn Emrys mewn golas—wydrin,
  a minnau Ferddin main ei farddwas.

Efo a'm galwai i'n Elïas,
    a mi a'i galwai fo'n Fathïas;
  ef fry a'm galwai'n Addaf Fras—hynaf,
  efo a alwaf innau'n Felwas.

Pob tir o Wynedd, pob teÿrnas
    a edwyn ei blwyf a'i dai'n ei blas;
  pob dyn, Llywelyn waywlas,—a'i gofyn
  fal y gofyn dyn ffordd i'r dinas.

Ni'm lluddiai i'w dai holl wlad Euas,
    na llyn o Deifi, na llanw difas,
  na tharan neu dân, na dinas—caerog,
  na draig ewinog na dur gwynias.

Ni'm tynnai Arthur yn ei guras,
    na ben nac ychen, na gŵr na gwas,
  na dim er ei nerth mwy no das—o'i waith,
  awr o'i dai ymaith, eryr Domas.

Ŵyr Domas Fychan, lle rhoed ymy—gan,
    yw'r gŵr gorau 'Nghymru;
  aed fy mendith i'w drithy,
  ac nid êl led gwaun o'i dŷ.

AWN I FETHLEM (detholiad)

Y Ficer Rhys Prichard (1579-1644)

FICER YN LLANYMDDYFRI. AWDUR **CANWYLL Y CYMRY.**

Awn i Fethlem, bawb, dan ganu,
Neidio, dawnsio a difyrru,
I gael gweld ein Prynwr c'redig
A aned heddiw, ddydd Nadolig.

Ni gawn seren i'n goleuo,
Ac yn serchog i'n cyf'rwyddo
Nes y dyco hon ni'n gymwys
I'r lle sanctaidd lle mae'n gorffwys.

Mae'r bugeiliaid wedi blaenu
Tua Bethlem, dan lonychu,
I gael gweld y grasol Frenin;
Ceisiwn ninnau, bawb, eu dilyn.

Fe aeth y doethion i'w gyflwyno,
Ac i roi anrhegion iddo -
Aur a thus a myrr o'r gorau,
A'u presentio ar eu gliniau.

Rhedwn ninnau i'w gorddiwes,
I gael clywed rhan o'u cyffes;
Dysgwn ganddynt i gyflwyno,
A rhoi clod a moliant iddo.

Yn lle aur, rhown lwyr-gred ynddo,
Yn lle thus, rhown foliant iddo;
Yn lle myrr, rhown wir 'difeirwch,
Ac fe'u cymer drwy hyfrydwch.

Mae'r angylion yn llawenu,
Mae'r ffurfafen yn tywynnu;
Mae llu'r nef yn canu hymnau,
Caned dynion rywbeth hwythau.

Awn i Fethlem i gael gweled
Y rhyfeddod mwya' wnaethped:
Gwneuthur Duw yn ddyn naturiol
I gael marw dros ei bobol.

TWM SIÔN CATI (Detholiad)

Dafydd Owen (1919-)

BU'N WEINIDOG YM MRYNAMAN. ENILLYDD Y GORON A'R GADAIR YN YR EISTEDDFOD GENEDLAETHOL. HANES LLEIDR PENFFORDD ENWOCAF CYMRU YN DYDDIO NÔL I'R UNFED GANRIF AR BYMTHEG.

Lle rhyfedd oedd Cymru mewn miri a moes
yn oes yr Elisabeth gyntaf, -
y trechaf a dreisiai, tra gwaeddai y gwan,
a'r Llan oedd nodded y bryntaf.
Ceid telyn a chân
ond mawn ar y tân,
a rhedyn yn do i'r bythynnod;
trugaredd yn gul
ond dawns ar y Sul
a bri ar ddireidi'r gwŷr hynod.

Pryd hynny'n Nhregaron, fe anwyd i ferch
(o serch anghyfreithlon uchelwr),
fachgennyn a dyfodd yn arwr y wlad,
heb gad na gwrhydri rhyfelwr.
Ei branciau di-ri'
a ddug iddo fri,
(gyfrwysed ei droeon ardderchog!)
Tra gaeaf yn faith,
tra cwmni ac iaith,
coffeir Twm Siôn Cati yn serchog.

Bu John Dafydd Rhys, y doeth-wylaidd ŵr,
yn dŵr iddo,—hoffodd ei ddelfryd,
a dangos a wnaeth Twm Siôn Cati cyn hir,
yn glir, ei ddynoliaeth uchelfryd.
O dŷ Morus Grug,
y frech wen a ddug
y pedwar i'w bedd yn ddirybudd;

ond er triniaeth fas,
ni syflodd y gwas,-
rhoes solas i deulu'r hen gybydd.

Ond ni ddichon ffortun sgyrnygu ar rawd
llanc tlawd a fo'n gryf a golygus;
daeth heulwen i fryn Twm Siôn Cati bob dydd,
er i'w ffydd fod yn waeth na rhyfygus.
A deuddwrn fel craig
achubodd hardd wraig
Ystrad Ffin rhag y carnladron creulon;
rhoed aur iddo'n rhodd,
ac yna'i wahodd
yn was i'r fwyneiddferch oleulon.

Efô ydoedd ffefryn y Plas cyn bo hir, -
yn wir, ef oedd ffefryn y Plasau;
enillodd, mewn her, darw campus, trwy'i ddwyn
dan drwyn Rosser graff,—mewn botasau!
Am gampau fel hyn,
aeth ei glod tros y bryn;
er hynny, ei fron oedd glwyfedig:
diddiffodd ei serch,
a hithau, y ferch,
yn briod ei noddwr caredig.

O'r Plas, fe'i hanfonwyd i Lundain ar daith,
a'i waith ydoedd cludo swm arian,
(a gwraig Ystrad Ffin iddo'n ddiwair a roes
ei chroes,—fe fu'n fendith a tharian).
Ni dderfydd y sôn
o Fynwy i Fôn
am hanes y siwrne ddewr honno;
fe dwyllodd bob gwalch
lladronllyd a balch,
a'r cyfoeth, ni ddygwyd mohono.

Brenhinol ei glodydd yn nhref llawer bro
am iddo'u gwaredu rhag niwed;
Y Maer a'i lu lliwgar a roddent yn llon
anrhegion am ddifa'r fath giwed.
Ger Hounslow, un dydd,
Offeiriad y Ffydd
a welodd mewn aflan grafangau;
achubodd, gwir yw
gyfieithydd Gair Duw,
Gwir Esgob Llanelwy, rhag angau.

Yn Llundain, cyfarfu â gorstwrllyd ŵr, -
Wat Töwr, ei hen gyfaill meddw, -
a chanddo, derbyniodd y newydd (o'r ffos!),
fod gwraig Ystrad Ffin, mwy, yn weddw.
Dychwelodd bob cam
â'i galon yn fflam,
ond siomwyd ef o ddyfod ati:
y ferch oedd di-hid,
heb londer, heb lid,
a chilio a wnaeth Twm Siôn Cati.

Yn Llundain, ei dad â'i harddelodd, a bu
yn gu gan y tlysaf rhianedd;
ond bellach, ei atgof oedd ofer a blin
am win a llawenydd pob annedd.
Anghofiodd ei dras,
gan wisgo fel gwas,-
(coesanau a chlocs a threm brysur!)
ac aeth yn llawn siom,
a'i galon yn drom,
i ffair Llanymddyfri am gysur.

Ond gan nad oedd drai ar hirlanw ei serch
at ferch Ystrad Ffin, fe ddychwelodd,
a hithau, o'i gael wedi'r prawf yn ddi-fai,
a wylai er cymaint a gelodd.

Estynnodd ei llaw
drwy'r ffenestr,—O'r braw!
Eb' Twm, gan ddadweinio llym gleddyf,-
"Eich llaw wen yn rhodd,
wrth raid neu o'ch bodd
a fynnaf: myn serch un â'i heddyf."

Fe chwarddodd y weddw, a rhoes iddo'n frwd
o ffrwd cariad cywir ei chalon;
fe'u hunwyd mewn priodas nas gwelwyd ei gwell,
a bellach, fe ffoes pob gofalon.
Daeth Twm, cyn bo hir,
yn Ustus y sir,
yn Faer ac yn sgweier nodedig;
o'i olud, i'r gwael
bu'n hynod o hael -
i'w elyn, yn gyson garedig.

Ond hiraeth ni wâd y cyfoethog na'r tlawd,
a rhawd Twm Siôn Cati â'i clybu:
dychwelai i rodio, ar b'nawn llawer dydd,
heolydd y dref gynt a wybu.
Tregaron ddi-stŵr
a hoffodd y gŵr
a gafodd yn grwt i'w anwylo,
a'r murddun bach moel
a'i canfu, medd coel,
ar ddeulin yn plethu ei ddwylo.

CAWSOM Y MESEIA

Dafydd Jones (1711-1777)

PORTHMON, A CHYFIEITHYDD EMYNAU ISAAC WATTS, O GAEO.

Wele cawsom y Meseia
  Cyfaill gwerthfawroca erio'd,
Darfu i Moses a'r Proffwydi
  Ddweud amdano cyn ei ddod.
    Iesu yw
    Gwir Fab Duw,
Ffrind a Phrynwr Dynol-ryw.

Hwn yw'r Oen ar ben Calfaria,
  Aeth i'r Lladdfa yn ein lle.
Swm ein Dylèd mawr fe'i talodd
  Ac a groesodd Filiau'r Ne.
    Trwy ei Wa'd
    I ni ca'd
Fythol Heddwch a Rhyddhad.

Cas Cyfiawnder ei fodloni,
  Cas y Gyfraith ei chwblhau.
Duw a ninnau fu'n elynol,
  Yn heddychol gwnaeth y ddau.
    Fe wnaeth Ben,
    Nawr mae'r Llen
Wedi'i rhwygo o'r Ddae'r i'r Nen.

Dyma Gyfaill haedda'i garu
  A'i glodfori'n fwy nag un,
Prynu'n Bywyd, talu'n Dyled
  A'n glanhau â'i Waed ei hun.
    Frodyr dewch,
    Llawenhewch,
Diolchwch iddo byth na thewch.

Nawr mae yn y Nefoedd uchod
  Yn par'toi i'w Briod le;
Pan ddêl hon i fod yn aeddfed
  Hi gaiff fyned ato fe.
        Fe a'i tyn
        Fyny i'r Bryn
Lle roedd ei Chalon hi cyn hyn.

Pechod Blinder a phob Gelyn
  A ffy wedyn byth i ffwrdd.
Cawn Ddiddanwch a Llawenydd,
  Ni ddaw Cystudd mwy i'n cwrdd.
        Cawn mewn hoen
        Byth heb Boen
Ganu Concwest Gwaed yr Oen.

EMYN

Morgan Rhys (1716-1779)

EMYNYDD AC ATHRO CYLCHYNOL I GRIFFITH JONES,
O'R EFAIL FACH, CIL-Y-CWM.

Beth sydd i mi yn y byd,
Gorthrymderau mawr o hyd
Gelyn ar ôl gelyn sydd
Yn fy nghlwyfo nos a dydd;
Meddyg archolledig rai,
Dere'n fuan i'm iacháu.

Clyw fy nghri, ffieiddiaf ddyn!
Pechod wrthyf sydd ynglŷn;
Pechu yn erbyn gwaed y groes
Ddaru chwerwi dyddiau f'oes;
Cuddia fi'n dy ddwyfol glwy',
Fel na allwy' bechu mwy.

Mi feddyliais bod cyn hyn
Fry yn canu ar y bryn,
Heddiw yng nglyn wylofain drist
Clyw ngriddfannau, Iesu Grist;
Cariad digyfnewid rhad,
Golch fi eto yn y gwa'd.

O na allwn tra fawn byw
Rodio bellach gyda Duw;
Treulio f'oriau iddo'n llwyr,
O foreddydd hyd yr hwyr;
Canu am ei werthfawr wa'd,
Nes meddiannu'r nefol wlad.

MI DAFLA' MAICH ODDI AR FY NGWAR

William Williams, Pantycelyn (1717-1791)

Y 'PÊR GANIEDYDD' O BENTRE-TŶ-GWYN, LLANYMDDYFRI.

Mi dafla' maich oddi ar fy ngwar
Wrth deimlo dwyfol loes;
Euogrwydd fel mynyddau'r byd
'Dry yn ganu wrth dy groes.

Os edrych 'wnaf i'r dwyrain draw,
Os edrych 'wnaf i'r de,
Ymhlith a fu neu ynteu ddaw,
'D oes tebyg iddo Fe.

Fe rodd ei ddwylo [pur] ar led,
Fe wisgodd goron ddrain
Er mwyn i'r brwnt gael bod yn wyn,
Fel hyfryd liain main.

Esgyn a wnaeth i entrych nef
I eiriol tros y gwan;
Fe sugna f'enaid innau'n lân
I'w fynwes yn y man.

Ac yna caf fod gydag Ef,
Pan êl y byd ar dân,
Ac edrych yn ei hyfryd wedd
Gan harddach nag o'r bla'n.

O! LLEFARA, ADDFWYN IESU

William Williams, Pantycelyn.

O! llefara, addfwyn Iesu,
Mae dy eiriau fel y gwin,
Oll yn dwyn i mewn dangnefedd
Ag sydd o anfeidrol rin;
Mae holl leisiau'r greadigaeth
Holl ddeniadau cnawd a byd,
Wrth dy lais hyfrytaf tawel
Yn distewi a mynd yn fud.

Nis gall holl hyfrydwch natur,
A'i melystra penna' ma's,
Fyth gymharu â lleferydd
Hyfryd pur maddeuol ras:
Gad im glywed sŵn dy eiriau,
Awdurdodol eiriau'r nef,
Oddi mewn yn crëu heddwch
Nad oes mo'i gyffelyb ef.

Dwed dy fod yn eiddo imi,
Mewn llythrennau eglur clir;
Tor amheuaeth sych, digysur,
Tywyll, dyrys cyn bo hir;
'R wy'n hiraethu am gael clywed
Un o eiriau pur y ne',
Nes bo ofon du a thristwch
Yn dragwyddol golli eu lle.

CANMOL IESU

Morgan Dafydd (m.1762)

CRYDD AC EMYNYDD O GAEO.

Yr Iesu'n ddi-lai
A'm gwared o'm gwae;
Achubodd fy mywyd,
Maddeuodd fy mai;
Fe'm golchodd yn rhad,
Do'n wir, yn ei waed,
Gan selio fy mhardwn
Rhoes imi ryddhad.

Fy enaid i sydd
Yn awr, nos a dydd,
Am ganmol fy Iesu
A'm rhoddes yn rhydd;
Ffarwel fo i'r byd,
A'i bleser ynghyd;
Ar drysor y nefoedd
Fe redodd fy mryd.

'Rwy'n gweled bob dydd
Mai gwerthfawr yw ffydd;
Pan elwy' i borth angau
Fy angor i fydd:
Mwy gwerthfawr im yw
Na chyfoeth Periw;
Mwy diogel i'm cynnal
Ddydd dial ein Duw.

Y CARCHARORION YN RHYDD

John Dafydd (1727-1783)

Crydd ac emynydd o'r Bedwgleision, Caeo.
Brawd Morgan Dafydd.

Newyddion braf a ddaeth i'n bro,
Hwy haeddent gael eu dwyn ar go',
Mae'r Iesu wedi cario'r dydd,
Caiff carcharorion fynd yn rhydd.

Mae Iesu Grist o'n hochor ni,
Fe gollodd Ef ei waed yn lli;
Trwy rinwedd hwn fe'n dwg yn iach
I'r ochor draw 'mhen gronyn bach.

Wel, f'enaid, weithian cod dy ben,
Mae'r ffordd yn rhydd i'r nefoedd wen;
Mae'n holl elynion ni yn awr
Mewn cadwyn gan y Brenin mawr.

RHAD RAS

Ioan Thomas (1730-1804)

AWDUR DROS 200 O EMYNAU A **RHAD RAS** YR HUNANGOFIANT CYNTAF YN YR IAITH GYMRAEG. GŴR O'R COL, MYDDFAI.

Oddeutu 15 oed yn y flwyddyn 1745 euthum i Landdowror gan ddywedyd fy mod yn fodlon i wasanaethu gydag ef am ddim os cawn aros gydag [40] ef, a chefais yn ôl fy nymuniad, yr oeddwn yn edrych ar gael dyfod yma fel pe buaswn yn dyfod i nefoedd fechan ar y ddaear, gan dybied na byddai arnaf ddim eisiau cyfeillion yma wrth fodd fy nghalon, heblaw fy meistr, a'i bod yn annhebygol i fawr o annuwiolion i fyw dan y fath weinidogaeth bwerus, a gweinidog mor hynod; o'r hyn lleiaf bod yma rai anghyffredin mewn duwioldeb; ond yn hyn cefais fy siomi, ni chefais fy nghyfeillion ond anaml tra bûm yma er bod yma seren olau yn eu plith, y rhan fwyaf oedd fel clai wedi ei galedu yng ngwres yr haul; tenau iawn, wrth bob arwyddion, oedd y rhai oedd â bywyd crefydd yn eu heneidiau, (heblaw y rhai oedd yn dyfod yn ddamweiniol, ac yn fisol o bell) llawer o wir sydd yn yr hen ddihareb, y nesaf at yr eglwys, y pellaf oddi wrth baradwys.

★ ★ ★

Amser arall wrth Eglwys yr Ystrad yn Swydd *Forgannwg*, lle yr oedd yr un fath daplas, ac amryw wedi crynhoi ynghyd sefais i fyny yn ochr gwal y fonwent, yna y pelwyr a'r dawnswyr a adawsant â'i gwaith ac a ddaethant yr ochr arall i'r *wal* i wrando, *ffidleriaid* a phawb; yna'r offeiriad yr hwn oedd gyda hwynt yn y fonwent wedi colli ei *gwmpeini* a ddywedodd wrth y ffidleriaid, os ydych yn disgwyl cael eich talu ewch at eich gwaith, a chwithau sydd yn llefaru ewch wrth y fonwent, y tir cysygredig; yna symudais i ben y domen yr ochr arall i'r heol, lle y lleferais er tystiolaeth iddynt hwy; a'r bobl wrth orchymyn yr offeiriad wedi myned yn eu hôl i ddawnsio, ac yntau gyda hwy ar a wn i; anfonais gennad ato i geisio ganddo i ddyfod a gadael i mi chwedleua gair ag ef; efe ddaeth ran o'r ffordd, ac yna gan euogrwydd a drodd yn wyllt yn ei ôl, gan ddywedyd beth sydd y fynno ef â mi? O, ddyn truenus, dall yn [66] tywys y dall! Clywais yn ôl hyn iddo ef farw fel y bu ef byw, yn ei ynfydrwydd; syrthiodd yn feddw oddi ar ei geffyl fel y torrodd ei wddf, ac y bu farw.

HUNANGOFIANT TWM O'R NANT

Thomas Edwards (1738-1810)

PRIF ANTERLIWTYDD CYMRU. BU'N CADW'R TOLLBORTH YN Y WALK, HEOL CAERFYRDDIN, LLANDEILO.

Ond ar ôl y drydydd flwyddyn [yn] y *Gate*, mi a gymerais *lease* yn Llandeilo Fawr, ac a wneuthum dŷ i'r merched gadw tafarn, a minnau o hyd yn cario coed. Fe ddarfu i'r *merchant* yn Abermarlais adeiladu llong fechan, a gariai gwmpas 30, neu 40, tunnell; fe'i gwnaeth hi yn y coed, cylch milltir a chwarter oddi wrth afon Tywi, pa un a fyddai yn cario llestri bychain ar lif i Gaerfyrddin. Ond hon a wnaed yn rhy drom i'w llusgo at yr afon yn y dull yr oedd y gŵr yn bwriadu, sef i bobl ei llusgo, o ran sport; fe roes gri mewn pedair o lannau bod llong yn Abermarlais i gael ei *lansio* ryw ddiwrnod penodol, ac y byddai fwyd a diod i bawb a ddelai i roi llaw at yr achos. Felly fe ddarllawodd 4 hobaid o'n mesur ni yn Ninbych, sef deudel yno; ac fe bobwyd ffwrnaid fawr o fara, ac a brynwyd rhyw lawer o gaws a 'menyn, a chig i'r bobl orau; ac yr oedd y llong gwedi rhoi pedair olwyn tani fal pedair o fothau troliau mawr, a'u cylchu â haiarn, ac echelau a chwedi eu hiro erbyn y dydd cysegredig. Minnau oeddwn yn digwydd llwytho yn y coed y diwrnod hwnnw; ac ar ôl gyrru y wedd yn ei blaen, mi arhosais yno i weled yr helynt; a helynt fawr a fu: bwyta yr holl fwyd, yfed yr holl ddiod, a thynnu y llong o gylch pedwar rhwd o'i lle, a'i gollwng i ffos clawdd dwfn. Erbyn hynny yr oedd hi agos yn nos, ac ymaith â'r gynulleidfa; rhai yn o feddwon, a'r lleill ag eisiau bwyd, a llawer o chwerthin oedd ymhlith y dorf. A'r *merchant* a dorrodd i gwyno, o ran ei ffolineb yn gwneud y fath beth, ac yn dywedyd wrthyf, y byddai raid ei thynnu oddi wrth ei gilydd cyn byth y caid hi o'r clawdd.

COFIO'R DIODDEFAINT

Thomas Lewis, (1759-1842)

GOF AC EMYNYDD O GWMCYNWAL, LLANWRDA.

Wrth gofio'i riddfannau'n yr ardd,
A'i chwŷs fel defnynnau o waed,
Aredig ar gefn oedd mor hardd,
A'i daro â chleddyf ei Dad,
A'i arwain i Galfari fryn,
A'i hoelio ar groesbren o'i fodd;
Pa dafod all dewi am hyn?
Pa galon mor galed na thodd?

Y BORE OLAF

David George Jones (1780-1879)

GOF AC EMYNYDD O LANARTHNE.

Bydd myrdd o ryfeddodau
Ar doriad bore wawr,
Pan ddelo plant y tonnau
Yn iach o'r cystudd mawr;
Oll yn eu gynau gwynion,
Ac ar eu newydd wedd,
Yn debyg idd eu Harglwydd
Yn dod i'r lan o'r bedd.

PREGETH GWRAIG LOT

Brutus—David Owen (1795-1866)

BU'N BYW YM MHENTRE-TŶ-GWYN.
PREGETHWR, YSGOLFEISTR A GOLYGYDD. DYCHANWR.

Dibennodd Tomos y diacon o'r diwedd; a thyma Wil mewn moment ar ben yr horsblog, yn ei farf, yn ei dei, yn ei watsh, yn ei gard, ac yn holl ogoniant a mawredd ei ddyn oddi allan. Rhoes hymn allan i'w chanu yn bwysig iawn:

Gorthrymderau sy'n y byd,
Haleliwia;
Maent yn fy nilyn i o hyd,
Haleliwia, '&c.

'Testun byr sydd gennyf eto yn y prydnawn,' meddai Wil ar ôl canu'r hymn uchod. 'Ond y mae testunau byrion yn gynhwys-fawr iawn, ond cael dysg a dawn i'w trin. Dyma'r testun.' meddai: "Cofiwch wraig Lot." Yn Sysneg, "*Remember Lot's wife.*" Ac wedi ei ddywedyd yn Saesneg, trodd gil ei lygad at Miss Williams, yr hon oedd yr ochr arall yn eistedd ar y gadair fihogani a ddygodd Nansi iddi.

'Mae'r testun hwn,' meddai Wil, 'wedi presento ei hun mewn llawer *view* i lygad fy meddwl, a'r meddwl yw *fountain conceptions*, ac oddi yma y mae'r *streams* yn dyfod allan ac yn bransio ymaith, un y ffordd hyn a'r llall mewn ffordd ddifferent. Bûm am gryn amser yn methu â chael allwedd wrth fy modd i fyned i mewn i'r *text*; ond wedi hir bwzlo, seiniodd goleuni i'm hunder-standing, fel y gellais ei ddifeido a'i sybddifeido yn y fath fodd ag y gall eich *capacities* ei gomprehendo. Ac yn awr, heb fyned yn amgylchynol, yn ôl ac ymlaen, mi gwympaf am draws fy nhestun ar unwaith.'

Ac felly y gwnaeth Wil, a thyma fe ar y testun; a'r bobl, ar ôl rhagymadrodd mor ddysgedig, a'u clustiau yn barod i wrando ar drwst yr allwedd yn troi yng nghlo y testun.

'"Cofiwch wraig Lot:" "*Remember Lot's wife*,"' meddai Wil, gan edrych â chil ei lygad ar Miss Williams. Sylwodd fod dau object neu ddau 'wrtrych' yn y testun, sef Lot yn un, a gwraig Lot y llall. 'Ac yn yr *objects* hyn,' ebe ef, 'y mae dau o wahanol genders neu o rywiau—y *masculine gender* a'r *feminine gender*; yn Gymraeg, y rhyw wrywaidd a'r rhyw fenywaidd. Lot yw'r *masculine gender*, a gwraig Lot yw'r *feminine gender*.

Nid yw pregethwyr yn bresennol yn talu digon o sylw i wahaniaeth y *genders*; canys y maent yn dueddol iawn i'w cymysgu, ac felly yn myned yn fynych i ddryswch, ac yn arwain y bobl i ddryswch; ac y mae yn anhawdd iawn dyfod allan o'r dryswch hwn wedi unwaith fyned iddo. Ac yr wyf wedi sylwi yn ddiweddar ei bod yn amhosibl dyfod i ddeall y *genders* yma yn dda heb gymorth y gramadegau; ac y mae yn dda gennyf ddyweyd wrthych fy mod i, trwy fy astudiaeth caled yn y gramadegau Cymraeg a Sysneg, wedi dod yn feistr ar y *genders* neu y rhywiau, ac yn medru eu distinguisho i drwch y blewyn. Er bod dau wrtrych neu ddau *gender* yn y testun, eto y *feminine gender*, neu y wraig, ydyw yr *object* pennaf: Cofiwch *wraig* Lot." Nid "Cofiwch *Lot*," ond "Cofiwch *wraig* Lot." Mae rhywbeth mawr yn y gair "gwraig"; mae rhyw sŵn *charming* yn llythrennau y gair hwn; ac y mae yr *object* hwn neu hon i aros yn y cof : "Cofiwch *wraig* Lot."

Yr oedd Wil yn awr yn edrych yn fynych ar Miss Williams yn y gadair fihogani.

HEN GOED Y BENLAN FAWR (Detholiad)

Gwilym Teilo—William Davies (1831-1892)

APOTHECARI A ANWYD YM METHLEHEM, LLANGADOG.

Hen Goed y Benlan Fawr,
Mor annwyl gennyf fi
Fu eistedd llawer awr
Yn eich cymdeithas chwi;
Dringo y Benlan hardd
Wnes pan yn llencyn llon,
A theimlad pennaf bardd
Yn ennyn yn fy mron;
Do! treuliais lawer hapus awr
Yng nghysgod Coed y Benlan Fawr.

'Roedd gweld y Dywi deg,
A'i glwys, arianaidd li
O tanaf, a'i bro chweg,
Yn bennaf drem i mi,
A gweled bryn a dôl,
A chestyll hen fy ngwlad,
Anian a llond ei chôl,
O'r tlws, o'r hardd a'r mad;
A rhyw dirweddau nefol wawr
A gawn o Goed y Benlan Fawr.

Fe ddaw y gwanwyn braf
I'w wisgo oll yn hardd,
Fe ddaw ter heulwen haf,
A Dafydd bach a'r bardd,
A myrdd o gerddwyr iawn,
I gynnal cyngerdd bêr,
A chwyddo'r gantawd wnawn
Fry, fry, i fro y sêr;
A thyna lle cawn auraidd awr
Eto yn Nghoed y Benlan Fawr.

PEN TURCAN (Detholiad)

Gwydderig—Richard Williams (1842—1917)

GLOWR A ANWYD YM MRYNAMAN. ENILLYDD CYSON AR YR ENGLYN YN YR EISTEDDFOD GENEDLAETHOL.

Gweled Pedol mal dolen,
Ymafael am y Foel hen,
A chwm llennyrch meillionnog
Dyffryn Aman, glân ei glog,
Yn ymestyn am wastad
Llachar fin y Llwchwr fad.
I'r Gogledd dan ryfedd rin,
Y mae harddwch Gwlad Myrddin,
Ac i'r De, mangre y mwg,
Mawr ogonedd Morgannwg.
Gweled hwnt, fel trwy gil dôr,
Dwyni haf Parc Dinefor.
Hefyd, hen Gastell hyfalch
Carreg Cennen a'i ben balch,
Ac ymhell bell y môr byw,
Culfor Caerodor ydyw.
Dyfnaint fryniog enwog hynt
A Chernyw, ceir drych arnynt.
Tir a môr ar y trum hwn,
Yn helaeth iawn a welwn.
Am lannerch i ymlonni,
Pen Turcan yw'r man i mi.

ENGLYN AR DDIM

Gwydderig

Hen hosan a'i choes yn eisie,—ei brig
Heb erioed ei ddechre,
A'i throed heb bwyth o'r ede, -
Hynny yw dim, onid e?

TŶ'R CYFFREDIN

Gwydderig

Tŷ i hyrddod di-urddas—i guro cyrn,
Agor ceg di-bwrpas:
Tŷ cnoi a thrin cethin cas,
A llawr dyrnu lloi'r deyrnas.

ADGOFION WATCYN WYN (Detholiad)

Watcyn Wyn—Watkin Hezekeia Williams (1844-1905)

GANWYD YM MRYNAMAN. BU'N CADW YSGOL Y GWYNFRYN, RHYDAMAN.

Y dydd cyntaf erioed y cofiaf yn glir amdano yw dydd Sul. Dydd Sul teg, tyner, hyfryd—un o hir Suliau haf. Trueni ei fod yn ddydd Sul yn ôl fy meddwl i, y pryd hwnnw, oblegid yr oedd yn ddiwrnod hyfryd iawn i chwareu, ond am mai dydd Sul oedd, yr oeddwn i yn colli diwrnod o ryddid a diwrnod o chwareu. Yr oedd fy nhad a fy mam wedi mynd i'r cwrdd chwech, ac yr oedd fy chwaer oedd henach na fi yn rhy biwritanaidd i chwareu ar ddydd Sul, a'r forwyn oedd yn edrych ar ein hôl ni ein dau yn un selog iawn dros gadw'r Sabbath. Nid wyf yn cofio dim am y boreu nac am y prydnawn, tebyg fy mod yn rhy ifanc, ond erbyn amsèr y cwrdd chwech, yr oeddwn yn ddigon hen i gofio'r adeg yn dda.

Yr oedd yr hewl yn arwain i'r cwrdd i Gibea (nid oeddwn yn gwybod fod yr hewl yn dda i ddim arall ond mynd i'r cwrdd),—yr oedd yr hewl yn pasio heibio talcen y tŷ a Bwlch y Beili, ac yr wyf yn cofio'n eitha da weled rhywrai yn mynd dros yr hewl i'r cwrdd y nos Sul hwnw. Nid wyf yn cofio yn y byd pwy oeddynt, ond rhywrai diweddar oeddynt, oblegid yr oedd fy nhad a mam wedi mynd er's tipyn o amser, a minau wedi dianc allan i chwareu i'r *cwtsh* glo yn ymyl yr hewl, ger Bwlch y Beili, yn fy nillad gwynion dydd Sul!

Y pechadur du fel ag oeddwn, pan ar ganol agor gwaith glo, wedi anghofio'r dydd glân a'r dillad glân, dyma ryw law benderfynol yn cydio yn fy ngwàr, yn fy ysgwyd fel cerpyn, ac yn fy nghipio, dan haner redeg a haner hedfan, dros yr hen Feili garw, heibio'r hen dŷ hir, at y pistyll y pen arall. Dygwyd fi i sylweddoli fy nghyflwr gan olchfa ddwfr y forwyn lanwaith hono, yr hwn oedd i mi fel bedydd tân dechreuad brwydrau fy mywyd. Nid wyf yn cofio dim rhagor o hanes y dydd gwyn, a'r gwaith du, a'r golchi glân hwnw.

BYWYD FY MYWYD I

J.E.Davies (Rhuddwawr) (1850-1929)

GANWYD YN LLANFYNYDD.
ENILLYDD CORON EISTEDDFOD GENEDLAETHOL CYMRU.

Un cais a geisiaf, Arglwydd glân,
Un sain yn unig sy'n fy nghân;
Pechadur wyf, pechadur mawr,
Yn methu cael fy meiau i lawr;
O! Iesu byw, dy fywyd Di
Fo'n fywyd yn fy mywyd i.

Os ydwyf eiddil, gwael a gwan,
Mi wn am Un a'm cwyd i'r lan;
Mi ddôf ryw ddydd yn bur, yn lân,
A sain gorchfygwr yn fy nghân;
O! Iesu byw, dy fywyd Di
Fo'n fywyd yn fy mywyd i.

YN RHY HEN

Gwilym Myrddin—William Jones (1863-1949)

GANWYD YNG NGHIL-Y-CWM. BU'N GOFALU AM Y LAMPAU YNG NGLOFA PANTYFFYNNON. ENILLYDD CORON YN YR EISTEDDFOD GENEDLAETHOL.

Clywais ei murmur rhwng y cangau rhwth
A hithau wedi crino gan hen oed,
A'r gwynt cellweirus wedi'i chodi'n grwth
I rygnu ei alawon yn y coed.

Gwelais hi'n herio grym y stormydd broch
Heb laesu dim o'i gafael gyndyn hir, -
Y gaea'n marw, hithau â'i baner goch
Yn cadw ffordd y gwanwyn yn y tir.

Ond pan oedd hinon Ebrill yn y llwyn,
A'r glas yn dechrau dringo perthi'r plwy,
Llaciodd ei gafael fel o wirfodd mwyn,
Ehedodd ymaith, ac nis gwelir mwy.

BEDYDDIO

W. Llewelyn Williams (1867-1922)

BARGYFREITHWR AC AELOD SENEDDOL A LLENOR O BROWNHILL, LLANWRDA.

"Beth yw'r bedyddio?" gofynnais.

Ond cyn i fi gael ateb dyma lais Elen yn esgyn o odre'r stâr:

"'Nawr, blant, beth ych chi'n 'neud i'r lan 'na'r holl amser hyn? Mae'n hen bryd eich bod chi wedi dibennu gwishgo, yn lle cadw nwncwl fel 'na!"

Ac i lawr yr aethant gan gario y bais goch, ac nis gwelais hwynt mwyach cyn amser cinio.

Erbyn i mi ddisgyn i'r neuadd, nid oedd sôn am fy neiaint.

"'Do'dd dim byw na bywyd gyda nhw," esboniai Elen, "os na chese nhw fynd gyda Tom y waginer i weld y Baptis yn bedyddio ym Mhwll Hesg. Mae Tom yn eu sbwylo nhw mor anghyffredin, ag yw dyn ddim yn fo'lon bod yn gas iddo 'fe am fod yn garedig wrth y plant. A dim ond i Gwilym gymryd rh'wbeth yn ei ben, mae'r un peth i chi dreio hydfan a threio'i droi e! A phob peth wedith Gwilym, mae Benni'n siwr o weud ar ei ôl e'."

Cefais ddigon o hanes fy neiaint o hynny nes y daeth yn amser cychwyn i'r cwrdd. O'r diwedd cymerodd Henry fy mrawd-yng-nghyfraith drugaredd arnaf a dywedodd:

"Elen fach, yr wyt ti'n meddwl fod John yn cymryd cymaint o ddiddordeb yn y plant ag yr wyt ti."

"Wel, 'falle bydd gydag e' blant ei hunan rywbryd," meddai Elen, "ag yna mi ddyallith."

Ac, yn wir, nid oeddwn heb deimlo fod gan Elen esgus dros siarad amdanynt.

"Mae Gwilym," meddai, "yr un sbit weithe â'r peth o'ech chi pan yn blentyn" (er na allwn i weld yr un tebygrwydd ynddo). "Mae'r un tro yn ei lygad e', ac amser bydd e'n wherthin, wi fel tawn i'n eich gweld chi o hyd o' 'mla'n. Mae rh'wbeth mor ffel yndo fe! Nos Sul dwetha, 'ro'dd 'y mhen i ddim hanner da, a mi arhoses gartre' o'r cwrdd. 'Ro'dd pawb yn y cwrdd ond y fi a

Gwilym—me fynnodd e' aros gartre' yn gwpni i fi. Ar ôl i fi fynd dros y lluniau yn y Beibl a *Thaith y Pererin* gyda fe, ac yn dodi swper ar y ford, dyma fe'n gweud wrtha i, 'Mami,' mynte fe, 'dyma neis mae i fod yma gyda'n gilydd. Dim ond gŵr a gwraig y tŷ sy gartre 'nawr, ynte?"

Pan ddaeth amser cinio, yr oedd y ddau blentyn wedi cyrraedd gartref, ac yr oeddynt yn llawn o'r hyn a welsant ac a glywsant ar lan yr afon, a mawr oedd yr holi ynghylch y bedyddio.

"Mami," gofynnai Gwilym, "odi chi wedi ca'l eich bedyddio?"

"Nagw i," meddai Elen.

"Odi e'n ddrwg, 'te, i ga'l eich bedyddio," holai Gwilym.

"O nag yw," meddai Elen, "'dyw e' ddim yn ddrwg."

"Pa'm na fysech chi'n cael eich bedyddio, te?" gofynnai Gwilym.

Nid oedd Elen yn barod â'i hateb. "O," meddai o'r diwedd, "'dwy i ddim yn credu yn hynny."

"Odi Dafi'r Esgair yn credu yndo fe?" dywedai Gwilym. (Dafi'r Esgair oedd un o'r bobl a fedyddiwyd y bore hwnnw, mae'n debyg.)

"O odi," atebai Elen.

"Pam nag ych chi'n credu yndo fe?" gofynnai Gwilym.

Aeth Elen yn fud, tra rhedai cysgod gwên dros wyneb agored Henri.

"'Mrowch chi i ddwad yn fachgen mowr," meddai Elen o'r diwedd, "ac yna mi ddewch chi i w'bod."

Ac fel yna y terfynodd yr ymddiddan yr adeg honno, ac ni fuasai yn werth ailadrodd yr hanes, oni bai am yr hyn a ddigwyddodd yn y prynhawn a bore drannoeth.

Ar ôl cinio, aeth Henri, yn ôl ei arfer, i'r Ysgol Sul, ac mi euthum innau allan ar hyd y caeau i fwynhau'r awyr iach. Ar ôl rhodio yma a thraw am awr neu ddwy, deuthum i'r cae bach tu ôl i'r tŷ. O'r pen draw clywais yn ddisymwth ysgrech plentyn, a safodd fy nghalon yn fy mynwes. Gwyddwn fod pwll yr hwyaid yn y gornel bellaf, a meddyliais ar unwaith mai ysgrech Gwilym neu Benni Bach a glywswn. Rhedais, fel na redais o'r blaen am flynyddoedd, i gyfeiriad y sŵn. Pan gyrhaeddais lan y dwfr, ni wyddwn beth i wneud—p'un ai chwerthin neu ddwrdio.

Ynghanol y dŵr a'r llaid safai Gwilym a Benni Bach, a'u dillad yn wlyb cors, a hyd yn oed eu gwallt yn diferu dafnau o ddŵr llwydaidd, ac er ei bod yn ddiwrnod twym yn yr haf, yr oedd y dŵr oer yn gwneud i'w dannedd guro.

"Beth yn enw'r annwyl ych chi'n neud yma blant?" meddwn, dipyn yn wyllt.

"Bedyddio Benni Bach w i," meddai Gwilym.

"Wel, mi fydd hi'n waeth na gweud yn deg pan welith mami chi," meddwn

"Ond wedodd mami nag oedd dim drwg miwn bedyddio?" meddai Gwilym.

"'Gewch chi weld p'un am hynny," atebais, mor sarrug ag y gallwn.

A gwir a ddywedais. Pan welodd Elen hwynt, nid oedd diwedd ar ei haraith.

"Yr arsw'd annw'l," meddai, "beth yw'r drych hyn sy arnoch chi blant? Wedi bod yn bedyddio Benni Bach, ie fe? Mi ro i fedyddio Benni Bach i chi'ch dou, o g'na! A thithe, Gwilym, a ffroc newydd, a phob o biner glân prydnawn heddi gyda chi'ch dou. A neithiwr ddwetha y cesoch chi'ch golchi yn y twba! Mi fydd yn rhaid i chi'ch dou ga'l eich ymolch a mynd i'r gwely ar unwaith, a mi ddwa i i siarad â chi yn y bedrwm."

Yr oedd y ddau fychan yn edrych mor ddiniwed â'r ŵyn, ac yr oedd eu hufudd-dra parod yn gwneud i'm calon waedu drostynt. Ond gwyddwn yn rhy dda mai gwell oedd peidio ymyrryd rhwng Elen a'i phlant. Euthum allan am awr yn ychwaneg, a phan ddychwelais yr oedd fy neiaint yn eu gwelyau'n dawel, a'r forwyn yn cadw cwmni iddynt nes y cysgent, tra oedd eu dillad yn sychu wrth y ffwrn yn y gegin.

Pan ddychwelodd Henri o'r ysgol, nid oedd taw ar achwyn Elen.

"Mae'r ddou yn drech yn lân na fi," meddai. "Wedi i fi dodi nhw yn y gwely, a thynnu'r wialen fedw oddi ar yr ho'l, 'Mami,' medde Gwilym, 'a geiff Dafi'r Esger ei whipo am 'lychu ei ddillad?' A 'dallwn i ddim dodi'n llaw i gwrdda'r crwt wedyn. A 'dyw e' ddim iws i beido'i gosbi e', ne' mae e'n siwr o fynd â Benni Bach i'r pownd yto. Mae'n llawer gwell i chi fynd i whipo nhw."

"Na wna i'n wir i ti," meddai Henri. "Ti sy wedi dechre ar y gwaith. Ond os taw ishe hadel y plant i ddwyno'u dillad sy arnat ti, mae gen i lawer gwell ffordd."

"Beth yw hynny?" gofynnai Elen.

"Rho drowsys pen-lin i'r ddou," meddai Henri, "a mi ddrychan nhw nag â'n' nhw ddim i'r pownd wedyn."

Ac felly fu. Bore dydd Llun, halwyd i ymofyn John y teiliwr i Blas Newydd, i wneud dillad newydd i Gwilym a Benni Bach.

Y CRYTHOR O BEN DEIN

John T. Jôb (1867-1930)

Bardd, emynydd a gweinidog a anwyd yn Llandybie. Enillodd y gadair deirgwaith a'r goron unwaith yn yr Eisteddfod Genedlaethol.

Rhyw hwyrnos gynt troes Crythor blin,
A'r storm yn sgubo'r traethau,
I'r Ogof hen sy 'nghraig Pen Dein,
Cynefin drychiolaethau;
A chysgu yno 'nghwmni'i grwth
A wnaeth ar faen obennydd;
A'i fryd oedd dilyn ar ei daith,
Pan giliai'r storm o'r glennydd.

Deffroes—a'r dymestl eto'n ffrom;
A hud yr Ogo'n tynnu,
Cerddodd ymhell drwy lwybrau'r gwyll
A'i ffagl yn dal i gynnu;
Eithr, wele, 'n sydyn diffodd wnaeth
Yng ngwyll y pellter yno;
A'r Crythor mwyn yn ôl ni ddaeth,
A byth ni welwyd mono.

Ond pery'r goel ar draeth Pen Dein
I gerdded mewn sibrydion :-
Bod Rhys y Crythor yno o hyd,
Yn llawenhau'r ysbrydion.
Ac ambell hwyr pan beidio'r gwynt
Â'i gynnwrf a'i chwibanu,
Fe glywir sŵn ei grwth o bell
O fewn i'r Ogo'n canu.

AR Y FFORDD I DALYLLYCHAU

Nantlais—W. Nantlais Williams (1874-1959)

BU'N WEINIDOG YN RHYDAMAN. BARDD, EMYNYDD AC YSGRIFWR.

Ar y ffordd i Dalyllychau
Gwelais Fai'n rhodianna'n fwyn,
Heibio i'r perthi, heibio i'r rhychau,
Heibio i'r eithin ar y twyn;
Wrth y clawdd, â'i llygad gloyw,
Neidiai brongoch glaer ei phlu;
Uwch fy mhen, mewn hirlais croyw,
Fe chwibanai ceiliog du.

Rhôi amaethwr bwys ei freichiau
Ar y glwyd, ym mwlch ei gae,
I freuddwydio i ffwrdd ei feichiau,
A gorffwylledd byd a'i wae;
Gwelai ychen draw'n cydbori,
A briallu wrth ei glun
Yn cydgwrdd, i ymgynghori;
Daw, daw'r bobloedd eto'n un.

Rhywle i mewn, yng nghôl y cread,
Mae rhyw galon fawr ynghudd;
Trwy holl hanfod bod, a'i wead,
Myn y llon ddisodli'r prudd;
Gwelais droi'r cleddyfau'n sychau,
Gwelais ddydd o hedd di-drai
Ar y ffordd i Dalyllychau
Ar ryw fore teg o Fai.

"DU YDWYF, OND PRYDFERTH"

(Negro a fu'n cydweithio â ni am wythnos yn y carchar)
Niclas y Glais— T. E. Nicholas (1878-1971)

ADDYSGWYD YN YSGOL Y GWYNFRYN, RHYDAMAN.
GWEINIDOG, DEINTYDD A CHOMIWNYDD.

Du ydwyt frawd, ond prydferth megis ebon,
A'th wydn gyhyrau fel y gwifrau dur,
Crychni dy wallt yn rhwydo yr awelon,
A'th fynwes yn dygyfor serch a chur.
Pwy a fynega fesur dy radlondeb
A'th fonedd a'th deyrngarwch ym mhob ffawd?
Dy wên o glust i glust, a'th ddall ffyddlondeb
I'th berchen gwyn a'th geidw'n fythol dlawd.
Nid oes i ti na dinasyddiaeth mamwlad,
Na rhan na chyfran yn y breintiau mawr;
Tydi, y dua'i groen a'r mwyna'i deimlad,
Fe'th gedwir am dy liw yn llwch y llawr.
Ti roddaist, gymrawd croenddu, ym mhob oes,
Ysgwydd ddolurus dan ben tryma'r Groes.

AWDL I LAWENYDD (Cyfieithiad o'r Almaeneg)

(An die Freude—Schiller, 1785).
J. D. Vernon Lewis (1879-1970)

PRIFATHRO COLEG DIWYDIANNOL. YSGOLHAIG AC EMYNYDD.
BU'N WEINIDOG YM MRYNAMAN.

Di, Lawenydd, nef wreichionen,
Rhiain deg Paradwys fry.
Deuwn gyda hoen gorawen,
I'th gynteddoedd nefol di;
Pan fo dulliau'r byd yn ysgar,
Clymu eilwaith mae dy swyn;
Brodyr fydd holl deulu'r ddaear,
Dan dy adain dyner fwyn.

Côr: Cydgofleidiwch, chwi filiynau!
Deyrnas cariad is y rhod;
Frodyr—tirion Dad sy'n bod
Draw tu hwnt i'r sêr-droëllau.

Ef o'i buredd gafodd brofi
Ennill ffrind a fo'n parhau,
Neu a garodd lân ddyweddi,
Unent oll i lawenhau!
Pe na bai ond *un* a geffir
Ganddo'n gyfaill iddo'n dynn;
Nac erioed 'r un enaid cywir,
Wyled golli'r clymau hyn.

Côr: Holl dylwythau pob preswylfod,
Cydymdeimlo fyddo'ch trefn!
At y sêr fe'ch dwg drachefn,
Lle saif thrôn y Diadnabod.

Pawb a dderbyn o'r Llawenydd
Ddyry natur yn ei bryd;
Da a'r drwg, canlynant beunydd
Hynt eu gwridog ffyrdd ynghyd.

Hi a roes y peraidd winwydd,
  Hefyd ffrind hyd derfyn byw;
Rhoes i'r pryf ei nwyfiant dedwydd,
  Cerub fan yn ymyl Duw.

Côr: Ymostyngwch, chwi filiynau!
    Fyd! A fynni'r Crëwr Nêr?
    Cais Efo tu draw i'r sêr!
  Byw y mae uwch sêr-droëllau.

Gyr Llawenydd yr egnïon
  Trwy anghyffin natur oll,
A Llawenydd dry'r olwynion
  Trwy'r cyfanfyd yn ddi-goll.
Huda'r blodau cladd o'u hadau,
  Heuliau o'r ffurfafen frith,
Try holl gylchau'r eangderau
  A'r nis cenfydd serydd byth,

Côr: Llon mal heuliau'n troi i'w gorchest
    Trwy ororau'r lasne' faith,
    Rhedwch frodyr yrfa'ch taith,
  Llawen, megis cawr i'w goncwest.

Syth o danbaid ddrych gwirionedd
  Ar a chwilio gwenu bydd;
Hyd at serth lechweddau rhinwedd
  Arwain hi yn dioddef sydd.
Ar haul-fryniau ffydd yn olau
  Chwifio mae ei baner hi,
A chan ddryllio bolltau'r beddau
  Saif yng nghôr yr engyl fry.

Côr: Ymwrolwch, chwi filiynau!
    Dioddef dros gael byd sydd well!
    Fry goruwch y sêr ymhell
  Trig yr uchel Dduw a'i wobrau.

ER COF
(Am David Mainwaring, Pen-y-groes)

Amanwy—David Rees Griffiths (1882-1953)

GANWYD YN YR EFAIL, BETWS. GLOWR, BARDD
AC EISTEDDFODWR AMLWG.

Mae'r gwynt yn chwipio'n llym dros Lynllech Owain,
Yn chwipio'n llafnau llym dros Lynllech Owain,—
A'r wybren uwch fy mhen fel darn o blwm;
A minnau'n cofio'r Cyfaill sydd yn huno,—
Dy gofio di, fy nghyfaill, sydd yn huno
Yn hedd y fynwent fach mewn cleidir trwm.

Cofiaf y boen a fu fel cledd yn naddu,—
O awr i awr, o ddydd i ddydd yn naddu
Dy gorff gosgeiddig yn ei nychtod hir;
A thithau'n crino megis pren a ddrylliwyd—
Yn crino, crino megis pren a ddrylliwyd
Gan hwrdd y storm ar fencydd noeth y tir.

Mae pentref hoff dy serch yn llonydd heno—
Pob lôn a thŷ a theml yn llonydd heno,—
A phob llafurwr gonest ger ei dân;
Ond gwn dy fod fel cynt mewn llawer cegin—
Yn adrodd stori bert mewn llawer cegin—
A'r teulu'n gwrando mewn diddigrwydd glân.

Cei hefyd lwybr yn rhydd i lawer glofa—
Drwy'r llwch a'r llaid i gaddug llawer glofa
I ddweud dy bennill yn y talcen glo;
A sŵn y mandrel dur a'r ddril yn tewi—
Yn nwylo glowyr creithiog crwm yn tewi—
A'r gwyll yn fyw gan chwerthin ambell dro.

Na! nid oes fedd yn ddigon dwfn i'th gladdu—
Un hirgul fedd yn ddigon dwfn i'th gladdu—
Er tewi o arabedd glân dy fin;
Cawn eto gwrdd fel cynt ar derfyn dyddgwaith—
I drafod hen fwynhad ar derfyn dyddgwaith—
A mwynach fydd ei flas na'r mwynaf gwin.

GWRON Y FFAIR

D. Tegfan Davies. (1883-1968)

Bu'n weinidog Gellimanwydd, Rhydaman.

Ar ddiwrnod ffair, nid hir y buasai bechgynnos sylwgar y wlad cyn tynnu at borth y farchnad uchaf. Yno y caent weled gorchest fwyaf y flwyddyn. Rhyw ganllath tua'r gogledd o'r porth yr oedd dyn tal, lluniaidd, pengrych, llygaid mawnliw hudol, cernflew brith, uwchlaw trigain oed. Wedi ymwisgo â throwser rib cyn wynned â'r carlwm, crys gwlanen las, ei gôt a'i wasgod fraith o frethyn cartref, bathodau ar ei frest. Tlws oedd ei urddau llwm. Safai'n syth mewn synfyfyrdod â'i gefn ar y mur, a ffon onnen o dan ei gesail chwith. Gwelid iddo dynnu ar y palmant hanner cylch â sialc, tua llathen a hanner oddi wrtho; a thua dwy droedfedd o flaen ei draed yr oedd ei gapan melfed cochddu.

Tyrrai haid stwrllyd o weision ffermydd o'i gwmpas i dreio eu llaw â'u ffyn. Gosodai wyth neu naw eu troed dehau ar y cylch gwyn, a thaflent geiniogau i'w gapan. Wedi adrodd tri gorchymyn dengar ei Sinai iddynt, dechreuai'r ysgarmes boeth. Pob un mwyach yn ceisio taro'r gwron ar ei gorun, neu yn rhywle ar ei gorff. Ymosodent yn ffyrnig gyda'i gilydd. Amddiffynnai yntau ei hun â'i ffon yn ddidaro a diogel. Ystwythach oedd ei fraich na gwiail helyg, a sicrach ei thrawiad na chloc y farchnad. Yr oedd y sŵn yn debyg i beiriant ysgrifennu yn gweithio'n wyllt. Synhwyrai'r ergydion â chymalau ei fysedd, canys pell oedd ei drem dros dai y dref. Buan y collai'r ymosodwyr eu hanadl a chilient tan fugunad yn wanllesg a gorchfygedig, a'r gwron anghyffwrdd yn ddiflin. Cyfarchai hwynt yn galonogol yn ystod y Cadoediad, "Rhagorol Raglan", "Da iawn Lucan", "Cynnig da, Cardigan", "Clatshen bert, Omar Pasha", "Pelten biwr, Pelissier", "Ergyd campus, Chelmsford", "Ardderchog, Simpson", "Eitha plwc, Codrington", "Go lew, Nolan". Felly â chyfrwys ddawn, o dro i dro drwy'r dydd, y cyfarchai ei filwyr ag enwau swyddogion brwydr Crimea. Yna dewisai y dewraf ohonynt i dderbyn y *Victoria Cross*—tair ceiniog o'i gapan. Wedi pocedu'r gweddill, dechreuai ar ei ornest nesaf gyda chatrawd newydd, a deuai ambell filwr a glwyfwyd yn ôl i'r rheng cyn yr hwyr.

Taflodd Ann yr hwcster bicell anynad ato wrth fyned heibio. "Paid dysgu'r cryts yn ddrwg, yr hen ioncyn." Taflodd yntau flodeuyn yn ôl. "Fe ladda heddi bob bripsyn o sodiwr sy yndi nhw." Gwnaeth hynny: nid â chlyfrwch ei ergyd, ond a mwynder ei air rhybuddiol, a losgai ei ffordd i'w cydwybodau. O'r rhai a sangodd y llinell wen ni sangodd un ar erwau gwaetgoch y drin.

Collid ef heibio i'r cornel am ysbaid fer pan fyddai ei wddf yn crasu. Dywedai, "Fe ddwa i nôl whap iawn, dim ond cael cewc shwd ma'r Rwsiaid a'r Ffrancod yn wmla." Dychlamai'n ôl fel carw wedi cael olew i leddfu ei losg tân. Wedi brwydr galed parablai'n bêr wrth y glewion pennaf, "Pob lwc heddi mechgyn i, gobitho cwrddwch chi â chystal merched a Betsi a Sian." Yr oedd dagrau yn ei galon wrth eu henwi. Y ddwy fireiniaf eu gwedd a harddaf eu gosgedd a welodd erioed. Ni wybu nebun mai enwi yr oedd y ddwy Gymraes a fu ym mrwydr Crimea—Betsi Cadwaladr, y weinyddes wrol, a Sian Ifans a ganai wrth odro gwartheg i ddiodi'r clwyfedigion. Edwinai rhyfeddodau'r frwydr yn ymyl arwriaeth lednais y merched.

Dywedai ym mrig yr hwyr, "Rwyn ofni fod y Rwsiaid yn ennill tir, a ma'r C.O. yn galw arna i amddiffyn man gwan." Wedi galw am gadnwyddau ar gyfer yr argyfwng, elai'n ôl o'r mwrllwch i'r Tloty mewn ymson ddiddig tan y ffair nesaf. Er prinned ei foddion, rhannodd gannoedd o geiniogau rhwng plant amddifaid, a heuodd heulwen ar dristwch uchelwyr â'u chwerthin yn fân.

Pwy ydoedd? Enaid bargen deg y dydd. Yr addfwynaf a'r llareiddiaf o feibion y dref. Cleddyfwr na welodd Prydain erioed ei drech. Un oedd yn Rhuthr y *Light Brigade* yn Balaclava, Hydref 25, 1854. Dihangodd yn ddianaf ar esgyll y mwg. Cafodd bensiwn sylweddol, ond gwerthodd ef ar awr wan i gnaf glwth. Caffai groeso i blasau'r Sir, yn arbennig ar ddydd dathlu oed aer y stad. Prif ddifyrrwch y dydd hwnnw ydoedd gosod dau bost praff tua llathen a hanner o uchter, a thua dwylath oddi wrth ei gilydd, a dodi afal ar ben y ddau, a rhoi cleddyf yn llaw'r cleddyfwr, a'r ceffyl buanaf iddo farchogaeth. Carlamai'n arswydus rhwng y pyst, gan hollti ar lachar fflach y ddau afal wrth ruthro'n aruthr heibio.

O GWMPAS Y NYTH

D.J. Williams (1885-1970)

ATHRO, LLENOR A CHENEDLAETHOLWR O BEN-RHIW, RHYDCYMERAU.

I mi, dyma fro y broydd, y godidocaf ohonynt oll. Dysgais ei charu, mi gredaf, cyn dysgu cerdded. Ni theithiais y darn yma o wlad erioed—o Fwlch Cae Melwas i Fwlch Cefen Sarth ac o Graig Dwrch i'r Darren Fowr—heb deimlo rhyw gynnwrf rhyfedd yn cerdded fy natur—cynnwrf megis un yn teimlo penllanw ei etifeddiaeth ddaearol ac ysbrydol yn dygyfor ei enaid. Dyma wlad fy nhadau mewn gwirionedd. Fe'm meddiannwyd i ganddi; ac yn ôl y gynneddf syml a roddwyd i mi, fe'i meddiannwyd hithau gennyf innau. Prin y collais wyliau erioed heb ymweled â hi. Hiraethais lawer tro am ddod yn ôl iddi i fyw ac i weithio, gan y teimlwn mai yno, ymhlith fy mhobl fy hun, y gallwn wneud fy ngwaith gorau,—breuddwyd, yn ddiau, na ddaw i ben mwyach. Oherwydd, er treulio, eisoes dri chwarter fy oes ymhell o'i golwg, a byw ynghanol cymdeithas garedig a diddan, nid aeth fy nghalon ohoni, unwaith. Nid oes i mi gartref ysbrydol ond yma. Y brogarwch *cyfyng* hwn, os mynner, a'i ganolbwynt yn "y filltir sgwâr" yn Hen Ardal fach fy mebyd lle y gwelais i bethau tecaf bywyd a'm gwnaeth i yn Shirgar anobeithiol. Dyna graidd fy ngwladgarwch, os caniateir i mi ddefnyddio gair a enllibir gymaint, drwy'r cenedlaethau, heb i mi ei lychwino na'i ddifwyno ymhellach. I mi nid yw gwladgarwch y Cymry cydwladol—yr *inter-nationalists* eangfrydig yma—sy'n selog dros hawliau pob gwlad a chenedl, ond yr eiddynt eu hunain, ond truth arwynebol diystyr,—gwladgarwch papur, parod i gael ei gario gan yr awel gryfaf, ar y pryd, boed y gwynt o Lundain, o Fosco, neu o unrhyw le gwyntog arall. Perygl y bobl yma, fel y dywedodd rhywun, yw eu bod mor llydan fel nad oes ganddynt ochrau i ddal dim. Eithr gwae nyni, Gymry, os yn ein llwfrdra moesol a'n materoliaeth bwdr y rhown yr hawl hon i neb bwy bynnag i sathru ar degwch bro ein mebyd a dinistrio gwerthoedd ei gorffennol hi. Os gellir dweud fod hawl ddwyfol ar ddim daearol yn bod, o gwbl, yn y byd yma, yna, yn sicr, y mae'r hawl hon ar dir Cymru yn eiddo cenedl y Cymry—ac nid yn eiddo'r un estron, gan nad pwy fo hwnnw.

YN FFÂS Y GLO

D.J. Williams (1885-1970)

A chymeriad o'r math hwnnw na ellir byth ei anghofio gan na cheir ond un ohonynt ar y tro ydoedd Dai Richards o dre Caerfyrddin, labrwr nos fel Amos Brown a finnau. Llabwst mowr, jibog o ddyn ydoedd Dai tua'r deg ar hugain oed, a rhyw rannau o'i gorpws helaeth yn mynnu ymwthio beunydd i'r golwg drwy'i ddillad anniben, di-lun,—dillad gwaith neu ddillad diwetydd. Ac eto, pe gwelech ef yn rhowlio lawr y stryd i'ch cyfarfod gallech feddwl ei fod yn berchen arni a'i bod hi'n anrhydedd i chi gael nod o adnabyddiaeth ganddo. O'i fesur yn ôl y safonau cyffredin gellid dweud, efallai, fod ei faners a'i gydwybod yr un mor dyllog â'i ddillad. Cyryglwr ydoedd Dai wrth swydd pan godai chwant gwneud rhywbeth arno weithiau, gan ymdorheulo dros fisoedd yr haf hyd borfeydd gwelltog glannau Tywi rhwng y dref a môr Llansteffan. Eisiau bwyd neu eisiau trowsus newydd yn lle'r un a oedd yn bygwth ffarwelio ag ef yn unig a'i gyrrai i daro'i gwrwgl dros ei ben ryw ambell frig y nos a'i ollwng yn esmwyth i wyll y dŵr, gan obeithio clywed plwc swrth ddistaw eog yn y rhwyd. Ac o gael whamyn go lew i siglo'i lestr eiddil â swap ei gynffon gellid yn hawdd synied mai o'r braidd y gwelai Dai hi'n werth llithro llathen yn is gyda'r lli, gan mai dala pysgodyn a'i f'yta fe, cyn ei ddal fynychaf, ydoedd arwyddair ei fywyd. Yna, yn oerni'r gaeaf, a thymor y pysgota drosodd, âi i lochesu dros dro i un o ardaloedd y glo carreg cyfagos, gyda'r tanau mawrion a'r aelwydydd clyd,—gan fod mor ogleisiol dirion wrth ei waith yno ag y byddai wrth siwyn afon Tywi. Ac yno, yng Ngwaith Isa'r Betws y trewais i arno'r tro cyntaf yn halio'r gaseg Scot, bwlen fach o gaseg las bert, a chanddi, gellid barnu, syniadau tra thebyg am fywyd ag a goleddai ei meistr am y tro, ond ei bod hi, enaid dewr, yn barotach o dipyn i ddioddef drostynt nag yr oedd ef. Oherwydd os cymerai Scot yn ei phen nad oedd rhywbeth neu'i gilydd yn werth ei wneud o gwbl fe ostyngai ei thrwyn tua'r llawr, a throi ei chlustiau tuag yn ôl, gan ystyfnigo ei hysgwydd fel un a wyddai ei meddwl yn bendant. Ac yno yr arhosai hyd ei hamser da ei hunan. Nid oedd na whip na sbrag greulon nag ulw o regfeydd, digon i beri tanchwa a'i symudai. Safai Scot fel craig dros ei hegwyddorion. Ond yr oedd Dai yn ei deall yn well na hi ei hun.

Ac yn y mŵd hapus, cyd-ddeallus hwn y gwelais i gyntaf y ddau ohonynt y noson honno,—Scot a dram wag ar ei hôl wedi nogio'n fud, ac yn aros fel colofn gwraig Lot ar ganol rhipyn bach heb fod yn serth o gwbl, a Dai, o ddeall y sefyllfa, wedi ei seddu ei hun yn gysurus ar walcen o gerrig isel gerllaw, a'i lamp ar lawr rhwng ei ddwy droed, gan ddisgwyl am gynhyrfiad yr ysbryd o du ei bartneres.

"O reit, Scot fach", meddai'n hamddenol ymhen tipyn, "os wyt ti'n meddwl y dôi di i ben â dy waith yma heno fel hyn 'r wy'n dam shiwer y do i i ben ag e. Cymer di dy bwyll, 'y morw'n i". Ac yno, yn eigion Mynydd y Betws y gadewais i'r ddau mewn myfyrdod dwfn uwchben problem fawr amser.

Yr oedd tafodiaith y gwŷr o Lancashire a ddaethai lawr gyda'r Cwmni yn anodd iawn i'w deall yn fynych. Ac meddai Dai, rywdro arall, wrth geisio cyfiawnhau Scot am ei dull ysbeidiol o weithio, ac ef ei hun gyda hi, am y swm tra bychan o waith a gyflawnid gan y ddau ohonynt mewn noson:

"'R ych chi'n gweld 'n awr," meddai Dai yn hollol sobr, "ma'n nhw'n hala rhyw hen Lancis a phob yffach fel 'na i halio yn y gwaith 'ma nes ma'r hen gyffyle 'ma'n mynd yn y diwedd nag ŷn nhw'n dyall na Sysneg na Chwmra'g".

Drwy ryw siawns hynod chwithig digwyddodd Dai anniben, flêr, ac ysgyfala, gael llety, i gychwyn, yn un o'r tai gweithwyr mwyaf parchus a glanwaith yn y lle, tŷ wedi ei ddodrefnu'n dda, a menyw fach lew a threfnus yn lanledi. Gellid yn hawdd ddychmygu amdano ef a faged yn ddiau mewn rhyw gongl ddigon prin o barch i na philyn na chelficyn, yn cerdded i mewn i ystafell yn ei ddillad gwaith du o'r lofa, ac eistedd ar gadair lle nad eisteddodd neb o'r blaen heb iddi'n gyntaf gael ei dwsto'n dda. 'Roedd pethau fel hyn, wrth gwrs, yn ddigon i godi natur y wraig orau a olchodd garreg ei drws erioed; ac nid rhyfedd i'r wraig hon cyn hir orfod dweud ei meddwl yn weddol blaen wrth ei lodjer croendew, di-daro.

Wrth adrodd am un o'r sgarmesau hyn ryw noson yn y gwaith, "'Ry 'ch chi'n gweld," meddai Dai yn ei ddull mwyaf pontifficaidd, "gorfod i fi droi ar y fenyw fach 'co'r bore 'ma, a'i rhoi hi yn 'i lle yn deidi bach. 'Dishgwylwch yma, fenyw fach,' myntwn i wrthi hi, "r ych chi'n 'yn hanshan i fel hyn o hyd oboti'r celfi sy' da chi yn y tŷ 'ma, petaech chi'n digwydd dod i dre Ca'rfyrddin 'co am dro bach fe ddangoswn i werth mwy o arian o gelfi i chi yn y parlwr 'co sy 'da hen wraig 'y mam nag sy yn y blydi stryd yma o un pen i'r llall.' A fe gaues 'i phen hi fel 'na, 'r ŷch chi'n gweld. Wedws hi'r un gair wedyn," myntai Dai yn fuddugoliaethus yn ei dlodi haerllug a'r hiwmor costog, digywilydd hwnnw a'i nodweddai.

Eithr cyn diwedd yr wythnos honno yr oedd Dai yn gwneud ymholiadau distaw bach am le i newid ei lety; a hynny heb lawer o argoel llwyddiant. Ond pa wahaniaeth? 'Roedd Dyffryn Tywi'n glasu eto, a'r pysgod mawr a'r pysgod bach yn dod lan yn llon gyda'r llif o dan bont Caerfyrddin. I gythrel felly â menywod bach stansh y tai lodjins yma,—hyd yr hydre nesa, 'ta p'un!

CYWYDD SIR GÂR

W.T. Gruffydd (1885-1981)

Bu'n weinidog yn Ffairfach, Llandeilo.
Enillydd y Fedal Ryddiaeth yn yr Eisteddfod Genedlaethol.

O dalaith Gwlad y Delyn,
Shir Gâr am ddaear neu ddyn!
Paradwys bardd, ei ardd wen,
Nef oludog fel Eden.

O ymroddi am ruddaur
Pa le mae gwell plwm ac aur?
Deunydd i'th galch odynau
Sydd yn stôr y coffor cau.
Murmur gwaith dur gorau'r De,
Nid tristdrwst yw tôn Trostre.
Da y cofia'r byd cyfan
Mai diguro'r gloywlo glân;
Y byd, taled deyrnged deg
I lu cewri'r glo carreg.

O'r Grongar dy ddaear dda
Yn rhamant a geir yma.
Uwch perth fel tyrfa nerthol
Saif hen gewri deri dôl,
A harddlu'r dyffryn gwyrddlas
Yw can eidion brithion bras,
A'th nerth yw blithion wartheg
Fel llun ar bob tyddyn teg.
Nadredda d'afon drwyddynt
Gan loetran, i'w heirian hynt.

Os henddull gestyll a'u gwg
Hen ymladd a wna'n amlwg,
Talwydd glog a'n hannog ni
I gallach lwyr ymgolli:
A! na rhoddion o ruddaur

Gwell yw hud y Gelli Aur:
Rhyw ddewinol arddunedd
Unigryw yw'r loywfyw wledd.
Ceisiais hedd a'i goleddu
Rhwng ceiliau dy fryniau fry,
Ond sibrydion afon iach
A feithrin well cyfathrach.
Man tawel, ym min Tywi,
Yno y mae'r ne' i mi.
Awr yno gyda'r enwair
Diengyd o'r byd a bair.

YR WYLAN

Emlyn Aman (1892-1963)

EMLYN OSWALD EVANS. GANWYD YN RHYDAMAN.
CLERC YN Y PWLL GLO.

Gwyliaf ar y penrhyn unig
  Fflach dy adain dros y don;
A wyt tithau'n chwilio'n ofer
  Gyda chlwy' yn nwfn dy fron?

Mae y môr yn rhuo danat,
  Berwa'r storm dan lach y gwynt:
Clywaf ddolef ddwys dy ddolur
  Yn y pellter ar dy hynt.

Mae fy nghalon innau'n crwydro,
  Mewn unigedd cwyd ei chri;
Ti gei lan i dirio, wylan,
  Nid oes draeth i'm hiraeth i.

RHYDCYMERAU

Gwenallt—David James Jones (1899-1968)

DARLITHYDD A PHRIFARDD O'R ALLTWEN OND DEUAI EI HYNAFIAID O LANSAWEL.

Plannwyd egin coed y trydydd rhyfel
Ar dir Esgeir-ceir a meysydd Tir-bach
Ger Rhydcymerau.

'Rwy'n cofio am fy mam-gu yn Esgeir-ceir
Yn eistedd wrth y tân ac yn pletio ei ffedog;
Croen ei hwyneb mor felynsych â llawysgrif Peniarth,
A'r Gymraeg ar ei gwefusau oedrannus yn Gymraeg Pantycelyn.
Darn o Gymru Biwritanaidd y ganrif ddiwethaf ydoedd hi.
'R oedd fy nhad-cu, er na welais ef erioed,
Yn 'gymeriad'; creadur bach, byw, dygn, herciog,
Ac yn hoff o'i beint;
Crwydryn o'r ddeunawfed ganrif ydoedd ef.
Codasant naw o blant, Beirdd, blaenoriaid ac athrawon Ysgol Sul,
Arweinwyr yn eu cylchoedd bychain.

Fy Nwncwl Dafydd oedd yn ffermio Tir-bach,
Bardd gwlad a rhigymwr bro,
Ac yr oedd ei gân i'r ceiliog bach yn enwog yn y cylch:
"Y ceiliog bach yn crafu
Pen-hyn, pen-draw i'r ardd".
Ato ef yr awn ar wyliau haf
I fugeilio defaid ac i lunio llinellau cynghanedd,
Englynion a phenillion wyth llinell ar y mesur wyth-saith.
Cododd yntau wyth o blant,
A'r mab hynaf yn weinidog gyda'r Methodistiaid
Calfinaidd,
Ac yr oedd yntau yn barddoni.
'R oedd yn ein tylwyth ni nythaid o feirdd.

Ac erbyn hyn nid oes yno ond coed,
A'u gwreiddiau haerllug yn sugno'r hen bridd:
Coed lle y bu cymdogaeth,
Fforest lle bu ffermydd,
Bratiaith Saeson y De lle bu barddoni a diwinydda,
Cyfarth cadnoid lle bu cri plant ac ŵyn.
Ac yn y tywyllwch yn ei chanol hi
Y mae ffau'r Minotawros Seisnig;
Ac ar golfenni, fel ar groesau,
Ysgerbydau beirdd, blaenoriaid, gweinidogion ac
  athrawon Ysgol Sul
Yn gwynnu yn yr haul,
Ac yn cael eu golchi gan y glaw a'u sychu gan y gwynt.

MAE GEN I FREUDDWYD

D. Edmund Williams (1901-)

GWEINIDOG, HEDDYCHWR A SONEDWR O FFALDYBRENIN.

Rhwyfus ei oriau or obennydd nos
Wrth ddwys ymglywed â griddfannau'i hil;
Gwybu am warthrudd teulu'r ffwrn a'r ffos
Dan ddirmyg hen sarhadau, fil ar fil.
Rhoes ysgwydd o dan groes yr isel radd,
Gan bledio iddynt sefyll yn eu ffydd,
Rhag dyfod arnynt awr y llid a'r lladd
Wrth frwydro'n ddygn i ddryllio'u rhwymau'n rhydd.
Dôi iddo freuddwyd i'w sbarduno'n frwd
I arwain ei grwsâd at deyrnas well;
A gweld hawlfreiniau Duw yn llifo'n ffrwd
I wisgo urddas ar holl gaethion cell.
Yntau'n ddiorthrech mwy heb gyfri'r draul
A gododd hawl ei hil i wyneb haul.

ENFYS

John I. Thomas (1902-1977)

GŴR O GAPEL ISAAC, LLANDEILO AC UN A GARAI'R 'PETHE'.

Seithliw amryliw yr heulwen—enfys
  Ar nenfwd y wybren,
  Ei lliwiau yn gylch llawen,—
Rhyfeddol bedol uwchben.

Y GARREG GALCH

Gomer M.Roberts (1904-1993)

GANWYD YN LLANDYBIE. GLOWR A DDAETH YN WEINIDOG, HANESYDD AC YN ARBENIGWR AR YR EMYN.

Y mae'r ardal y ces i fy magu ynddi, yn ddaearyddol, ar ddau fath ar graig, sef y graig sy'n cynnwys haenau y glo carreg, a'r garreg galch, ac y mae'r rheini'n cyfateb i'r lliwiau du a gwyn. Am y *gwyn* yr wyf am sôn heno, y garreg galch a chwaraeodd ran mor bwysig ym mywyd y rhan yma o Sir Gâr. Fe sylwodd Edward Lhuyd, yr hynafiaethydd, yn niwedd yr ail ganrif ar bymtheg, fod digonedd o galch i'w gael yn ardal Lladybïe, a gwelodd hefyd rai o'r ffosiliau yn y calchfaen, megis Llygad yr Ych a Chregyn.

O'i losgi y mae calch yn wrtaith i'r tir, ac yn ddefnydd rhagorol i wneud morter ohono wrth ei gymysgu â lludw mân a blew gwartheg. Er—a bod yn onest—'roedd yn well gan yr hen feiswniaid galch Aber-ddo o Fro Morgannwg at wneud morter. 'Roedd rhyw elfen yn y calch hwnnw, o'i ddefnyddio'n frwd (fel y dywedir), a wnâi forter caled iawn ar ôl iddo sychu. Ond pa fodd bynnag am hynny, calch lleol a welir ym muriau trwchus a chedyrn hen gestyll Carreg Cennen, Dinefwr a'r Dryslwyn. Â chalch hefyd y gwyngelchid muriau allanol a mewnol y ffermdai, y bythynnod, a'r beudai i gyd yn y cylchoedd hyn. Yn ôl llyfrau cofnodion y plwyf fe dalwyd naw a chwech yn y flwyddyn 1734 am wyngalchu tu-mewn yr Eglwys.

Nid oedd gynt yr un olygfa harddach yn yr ardaloedd hyn ym misoedd cynnar y gwanwyn na'r ffermdai a'u tai ma's "oll yn eu gynau gwynion ac ar eu newydd wedd", wedi eu gwyngalchu a'u glendid yn disgleirio yn yr haul. 'Roedd gwyn y calch a ddôi allan o'r odyn yn wyn gwyn iawn, a 'does ryfedd yn y byd iddo ddod yn symbol o lendid. Ceir dau ymadrodd am wyndra llachar yn y fro yma, sef "gwyn *fel y carlwm*", a "mor wyn *â'r galchen*". Ceir yma un ymadrodd arall hefyd nad yw mor hawdd ei esbonio. Cymdoges i mi pa ddydd yn ymddiheuro am lygredd ei hiaith lafar. "Cymra'g *cerrig calch* sy gen i", mynte hi. Cyfeiriad, y mae'n siwr, at y cerrig hynny a gesglir ar lethrau'r Mynydd Du, y *babilwbis* fel y'u gelwir, wedi ymffurfio'n bob siâp yn y byd gan ganrifoedd o lawogydd a rhewogydd y gaeafau, a gwres yr hafau. Y mae "Cymraeg *cerrig calch*" yn ddisgrifiad da iawn o annibendod iaith ac ymadrodd.

Fe ddefnyddid y garreg galch yn y gegin hefyd. Cofiaf yn dda fel y byddai'r hen famau yn defnyddio *stonyn* (fel y'i gelwid) ar eu haelwydydd, sef darn o galchfaen wedi bod mewn tân i'w feddalu dipyn. Fe rwbid y *stonyn* ar garreg yr aelwyd dan y ffender o flaen y tân, a gwneud patrymau cywrain i'w ryfeddu. Ceid yr un addurnwaith celfydd hefyd ambell waith o dan y cadeiriau, a than y ford ar ganol y gegin. A beth oedd yn well na chalch i'w gymysgu â glo mân a chlai i wneud *pele*, neu *gwlwm*, fel y'i gelwir yn sir Benfro? Llosgai'r fflam yn wynias gan daflu'r gwres allan dros y ffender i'r ystafell.

Yn y graig galch y ceir yr ogofeydd rhyfeddol hynny a luniwyd gan ddyfroedd tanddaearol. "Y dyfroedd a dreuliant y cerrig", yn ôl Llyfr Job, ac fe dreuliwyd y calchfaen meddal yn ystod y canrifoedd gan lifeiriant cyson y dyfroedd. Y mae Ogof Llygad Llwchwr wedi ei harchwilio'n weddol drylwyr; ond fe chwalwyd ogofeydd Cilyrychen a Chraig y Derwyddon gan weithgarwch y chwarelwyr. 'Roedd y ddwy ogof yna yng nghyffiniau Craig y Dinas. "Yn yr Allt Fychan yn y Dinas y mae'r Tri Chysgadyddion", meddai Edward Lhuyd. Pwy oedd y rheini? Owen Lawgoch a'i wŷr, yn ôl hen draddodiadau lleol. Ac i gadarnhau hynny fel petai fe ffeindiwyd deg o sgerbydau dynol yn gorwedd ar draws ei gilydd blith draplith yn y flwyddyn 1813, pan chwalwyd ogof gan y chwarelwyr yng Nghraig y Derwyddon.

Yn y ganrif ddiwethaf fe dyrrai'r ffermwyr wrth y cannoedd o siroedd gorllewin Cymru i gyrchu calch o Landybïe. 'Roedd glo carreg i'w gael yn ymyl y garreg galch, ac felly fe ddatblygodd y fasnach yn helaeth. Yn y gwanwyn fe welech y ceirt yn ymgasglu wrth y tollbyrth ganol nos, ac yna fe aent ar frys gwyllt yn y bore bach am y cyntaf i lwytho calch. Ni fyddai'n ddim ichi weld gwt hir o drigain neu gant o geirt yn aros eu tro wrth yr odynau, a phawb ar frys i fynd tua thre yr un dydd cyn canol nos, i arbed y dreth. Oblegid *un* waith y telid y doll o fewn pedair awr ar hugain. Yn wir, y wasgfa a ddaeth i ran y ffermwyr wrth dalu tollau trymion wrth gyrchu calch a nwyddau eraill oedd un o achosion Terfysgoedd Rebeca yn hanner gyntaf y ganrif ddiwethaf.

Fe fu adeg yn y gwanwyn pryd y gallech chi brynu bwcedaid neu ddau o galch wrth y drws am ychydig sylltau. Ond am ryw reswm ni losgir calch mwyach yn odynau Cilyrychen. Odynau mawrion a chedyrn ydynt, o waith crefftwyr lleol, a'u pensaernïaeth yn gyfryw fel na chaniateir eu chwalu na'u tynnu i lawr mwyach, am eu bod yn samplau gwych o adeiladau diwydiannol sy'n werth eu diogelu.

Buwyd unwaith yn malu'r garreg galch, a rhoi'r llwch ar y tir yn lle calch. Ond erbyn heddiw fe ddaeth hynny o orchwyl i ben hefyd. Prynwyd y chwareli gan un o'r cwmnïau diwydiannol, ac eir â channoedd a dunelli o gerrig mewn loriau mawrion heibio i'n tŷ ni bob dydd, a hynny at adeiladu traffordd newydd yr M4 i'r gorllewin. A fydd llosgi calch yng Nghilyrychen fyth eto? Efallai, medden nhw, ar ôl cwpla'r gwaith ar y drafffordd.

Ie, peth diddorol yw glo carreg, a pheth diddorol hefyd yw'r garreg galch; ac yn nhrefn rhagluniaeth fe roddwyd y ddau ar bwys ei gilydd ym mro fy mebyd.

(Sgwrs Radio, 25 Ebrill 1976)

FFYRDD I GOLLI'R FFORDD

T. Glyn Thomas (1905-1973)

GWEINIDOG A DARLLEDWR. MAGWYD YN LLANGADOG.

Byddai'r Iesu'n sôn wrth ei ddisgyblion am ddwy ffordd sy'n eu cynnig eu hunain i bererinion ar y ddaear—y ffordd lydan a'r ffordd gul. Bu'n sôn felly ryw dro pan oeddent ar y ffordd o Jericho i Jerwsalem. Y mae man ar y ffordd honno, heb fod nepell o Jerwsalem, lle y mae'n hawdd i'r teithiwr golli'r ffordd, gan fod y ffordd a ymddengys yn briffordd yn arwain i Gehenna. Rhaid troi'n sydyn ar y chwith a mynd ar hyd ffordd gulach i fyned i'r ddinas. Byddai'r Athro Mawr, fel pob athro da, yn manteisio ar amgylchiadau lleol i yrru ei wersi adref. Credai yntau, fel G. K. Chesterton, fod yn rhaid gwneud peth yn lleol i'w wneud yn real. Diau iddo aros wrth y tro hwn gan dynnu sylw'r disgyblion at y ffaith mai hawdd iawn i bererin yw colli'r ffordd i'r bywyd onid yw'n wyliadwrus.

Y mae ffyrdd i golli'r ffordd. Un ohonynt, meddai'r Iesu, yw mynd yn aberth i'r ysbryd beirniadol. 'Na fernwch.' Gellir bod mor chwannog i weld beiau yn ffyrdd pobl eraill fel ag i golli'r ffordd ein hunain. Y mae'r pererin beirniadol mor barod i weld y pechadur yn y sant ag oedd y Pererin Dwyfol i weld y sant yn y pechadur. Ffordd arall i golli'r ffordd yw colli parch at bethau cysegredig,—rhoddi'r pethau santaidd i'r cŵn a thaflu'r gemau o flaen y moch. I Islwyn 'mae'r oll yn gysegredig'; eithr y mae dynion nad oes dim yn gysegredig iddynt.

Y mae ffordd arall eto i golli'r ffordd, sef rhuthro ymlaen yn ddiofal ac yn ddiamynedd. 'Gofynnwch, a rhoddir i chwi, ceisiwch, a chwi a gewch; curwch, ac fe agorir i chwi. Canys pob un sydd yn gofyn (nid pawb) sydd yn derbyn; a'r neb sydd yn ceisio (nid pobun) sydd yn cael; ac i'r hwn sydd yn curo (nid i bob dyn) yr agorir.' Y mae'n werth ymdrech a gwyliadwriaeth i gyrchu'r ddinas a'r bywyd.

Drachefn, gellir colli'r ffordd wrth ymddiried mewn gau arweinwyr. 'Ymogelwch rhag gau broffwydi.' Arwain eu dilynwyr i Gehenna, nid i'r ddinas, a wnânt hwy, oherwydd ni wyddant hwy'r ffordd iddi.

Gweddi: O Dduw, cadw fi yn fy mynediad a'm dyfodiad ar Ffordd y Bywyd drwy'r dydd hwn.

Amen.

GLO

E.Llwyd Williams (1906-1960)

BU'N WEINIDOG YN RHYDAMAN. ENILLYDD Y GADAIR A'R GORON YN YR EISTEDDFOD GENEDLAETHOL.

Bu farw'r haul ym mreichiau'r coed
Ganrifoedd maith yn ôl.
A thynnodd gydag ef i'r bedd
Y rhai a fu'n gweini arno
Yn ei ddyddiau olaf.

Syrthiodd y deri dewraf
Fel yr ynn meddal:
A baglwyd y cyll gwydn
A'r helyg ystwyth
Yn eu cwymp
Dan bwysau angau'r haul.

Aeth yr haul i'w fedd
Yn nillad ei wely.
Mynnodd orwedd mewn amwisg o ddail
Ar obennydd mwswg,
Dan gwrlid rhedyn.
A daeth y gwynt i rofio'r llwch
Yn dyner drosto,
A disgynnodd y glaw
I wasgu'r pridd.

A phan gyfododd ei etifedd balch
Fel cawr i redeg gyrfa;
Cerddodd dir y stâd gan dasgu chwys
Ac oeri'r wlad wrth ymbellhau.

Y dwthwn hwn, daeth dyn yn amau'r haf
I chwilio'r bedd
Ym mynwent y gelli.
Taflodd ei gaib i blith yr esgyrn du
Ac yno y cafodd yntau'i dân.

Y FONEDDIGES BETI EIC DAVIES, GWAUNCAEGURWEN

Gerallt Jones (1907-1984)

BU'N WEINIDOG YM MRYNAMAN. UN O DEULU'R CILIE.

Un dreng ydyw'r lleidr angau,
Am loywder, ceinder mae'n cau
Ei grafanc o law wancus
O flaen eiddigedd ei flys.
Daw i ddwyn o'n byd ei dda,
A dwyn enaid uniona'.

I 'Ben-twyn' i ddwyn un dda
Daeth o ar ei daith hya'!
Dwyn y fam hael o'r aelwyd,
Dwyn lliw haul a'n gado'n llwyd;
Dwyn y pwyll a'r didwylledd,
Gras ei gair o groeso'i gwedd.
Dwyn gobaith pen-taith weithion
O'r byd; mor dyner ei bôn.

Dwyn o'r Cyngor ragorferch,
Dwyn un bur, ddoeth dan bridd erch;
Dwyn tŵr llawen ei chenedl,
Dwyn un lân ei chân a'i chwedl.
Dwyn hyder ein pryderon,
Hyder lle'r oedd breuder bron.
Dwyn dewrder dan y gweryd,
Dwyn i'r bedd dynera'i byd.
Dwyn o'r byd ffrom golomen;
O wŷn ei gas, dwyn ei gwên.
Dwyn gofal ein gofalon
A dwyn hwyl ydoedd dwyn hon.

Er a ddwedir, gwir a gau,
Un dreng ydyw'r lleidr angau.

GWEDDI AM OLEUNI

O.R.Davies (1908-1962)

BU'N WEINIDOG YN Y GARNANT

Ar dduaf awr, O! Ddwyfol Dad,
A deddfau'r Nef dan bob sarhad,
Rho inni ras, rho inni ffydd,
Rho weld arwyddion toriad dydd.

Rho lewyrch dy oleuni Di
Yn llusern ar ein llwybrau ni;
Er trigo'n awr mewn estron wlad,
O! cadw arnom ddelw'r Tad.

Gwna ninnau'n ostyngedig iawn,
Rhag inni golli'r ddwyfol ddawn
O weld, yng nghanol pechod dyn,
Ogoniant d'arfaeth Di dy Hun.

GLO

Huw Bevan (1911-1979)

GANWYD YN SARON. DARLITHYDD A BEIRNIAD LLENYDDOL.

Dechreuodd Nhad weithio yng nglofa'r Rhos yn un ar ddeg oed. Derbyniai swllt a dwy geiniog y dydd fel crwtyn yn cychwyn, ac ychwanegid ceiniog y dydd bob tri mis nes cyrraedd pedwar swllt y dydd, pan ystyrid bod crwtyn 'ar dop y list,' fel y dywedid, ac yn barod i gymryd ei le fel colier. 'Roedd yn rhaid bod ar ben y pwll yn barod i fynd lawr yn y caets am hanner awr wedi chwech y bore. Y dynion a ddisgynnai'n gyntaf, a'r ceffylau'n dilyn, gan fod y stablau i fyny ar yr wyneb bryd hynny, a chymerai hanner awr i gael y ceffylau i gyd i'r gwaelod. Am hanner awr wedi pedwar y gorffennid y sifft, ac eithrio ar ddydd Sadwrn, pan ddeuid i fyny am hanner awr wedi un, a golygai hynny na welid goleuni haul yn ystod y gaeaf ond ar y Sadwrn a'r Sul. Os lleddid rhywun yn y lofa, âi pawb i'r angladd, ond byddai'n rhaid cael caniatâd i orffen yn gynnar, a chan ei bod yn amod y dylid codi'r glo cyn gadael, eid i lawr am bedwar o'r gloch y bore ddiwrnod yr angladd. 'Roedd yr oriau felly'n hir, yn enwedig i'r gweithwyr yr oedd eu cartrefi bellter o'r lofa, ond parai'r arfer o gymryd sbel ar gychwyn y sifft i gynefino â'r tywyllwch, yn ogystal â'r seibiau ar gyfer dau bryd o fwyd yn ystod y dydd, fod y cyfan yn llawer mwy hamddenol na phan gwtogid y sifft i wyth awr, gydag un pryd o fwyd, yn ddiweddarach. Drwso oedd gwaith cyntaf Nhad, a golygai hynny ddilyn yr halier i agor a chau'r drysau fel y symudai'r ceffyl ar hyd y lefelau, ond cafodd fynd at golier pan oedd yn bedair ar ddeg. Y coliers eu hunain a dalai'r cryts a weithiai gyda hwy, a gwnaent hynny bob pythefnos ar 'ddydd Gwener pai' yn y *Mountain Gate,* tafarn tua chwarter milltir o'r lofa, lle deuent ynghyd i rannu'r enillion rhyngddynt a'i gilydd yn gyntaf, yn ôl gofynion y drefn gymhleth o weithio 'dwbwl sifft.' Arhosai'r cryts yn y berllan tra byddai'r coliers yn setlo'r cyfrifon dyrys hynny y tu mewn, a threulient yr amser yn bwyta afalau a phice meth, pice llawn cyrains y cymysgid eu toes â mêl yn ôl rysáit Mari

Dafis, a'u cludai yno mewn basged fawr ar gefn asyn i'w gwerthu am ddwy geiniog yr un (o barch i'w maintioli) bob dydd Gwener pai. Tueddai'r coliers a yfai gwrw yn y *Mountain Gate* (neu'r Mwntan) fod yn llawer mwy haelionus na'r ymwrthodwyr, ac o ganlyniad derbyniai eu cryts ffodus hwy swllt neu ddau yn fwy na'u cyfoedion yn y llefydd 'sych', na roddid iddynt gil-dwrn o gwbl. Crwtyn i ddirwestwr oedd fy nhad.

Daeth tymor y brentisiaeth hir honno i ben, a phan oedd yn un ar hugain aeth yn un o bâr o goliers i dorri glo yn y Stanllyd, y wythïen orau yn holl faes y glo carreg, yn ôl yr hanes, a'r wythïen fwyaf trwchus yn y Rhos gan ei bod yn bedair troedfedd, lle nad oedd y Pumcwart ond tair a hanner (uchder pum jwg gwart meddai rhai), a'r Wythïen Fach yn ddim ond dwy droedfedd a phedair modfedd. Galwai glo mor dda am grefftwaith teilwng wrth ei dorri, petai'n unig er mwyn rhyddhau cynifer ag y gellid o'r cnapau mawrion gwerthfawr (*y clean large*) heb sôn am osgoi cael gormod o gropins, sef y clapiau bychain a fyddai'n syrthio drwy'r adwyau modfedd a hanner rhwng barrau'r sgrin (neu'r *Billy Fair Play*), yr arllwysid cynnwys y ddram arni ar ben y pwll. Ni thalai'r Cwmpni ddim i'r coliers am y cropins, er bod pris da amdanynt ar y farchnad, a chan fod pwysau'r cropins yn cael ei dynnu oddi wrth bwysau'r llwyth, dyna pam yr oedd y dull y rhoddid y glo yn y ddram yn grefft mor bwysig â'r dull o'i dorri, yn enwedig o safbwynt enillion y colier. Byddai gosod cnapau mawrion i mewn yng ngheudod y ddram yn rhy wastraffus am nad ymwasgent hwy'n ddiofod yn ei gilydd, a'r gyfrinach wrth lwytho oedd llanw'r *bed*, fel y gelwid y tu mewn i'r ddram, â glo digon mân i osgoi gwagleoedd eithr nid digon mân i fod yn gropins. Nid oedd llanw'r ddram hyd yr ymylon yn y dull manteisiol hwnnw, fodd bynnag, yn ddim ond y cam cyntaf. Y gamp nesaf oedd codi uwchadeiladwaith o gnapau mawrion ar ben y ddram, gan fwy na dyblu maintioli'r llwyth, ac er nad ymddengys dim yn haws a mwy anghelfydd na phentyrru talpau swmpus ar bennau'i gilydd, parai'r amodau caeth fod galw am fedrusrwydd llaw a chywirdeb llygad wrth godi'r pentwr neilltuol hwn, oblegid byddai'n rhaid iddo fod yn ddigon arsgwar i ymelwa hyd yr eithaf ar holl hyd a lled y ddram, yn ddigon solet i beidio ag ymddatod yn ystod y siwrnai arw o'r ffas i waelod y pwll, ac yn ddigon cul ac isel i basio drwy agoriad y caets. Aethai'r ychwanegiad petryal ar dop y ddram yn fwriadwaith mor arbennig fel yr enillodd ei enw technegol ei hun, ac fe'i gelwid yn 'rasin'—o'r Saesneg *rising* y mae'n debyg. 'Roedd dimensiynau delfrydol y rasin yn hysbys, a'r delfryd yr anelid ato oedd, o ran uchder, hyd y fraich o'r penelin i flaen y bysedd (er bod sôn am ychwanegu chwe modfedd a thrwch bys), ac o ran lled, pedair modfedd o or-redeg ar bob ochr. Ni fedrai pob colier raso mor gelfydd â'i gilydd, ac onid oedd ganddo'r grefft i godi rasin i'w lawn faintioli byddai'r colier ar ei golled, megis y byddai hefyd pan godai rasin rhy lydan neu rhy uchel, oblegid bryd hynny ni wnâi'r hitsiwr ar waelod y pwll, os câi drafferth i wthio'r ddram i mewn i'r caets, ond torri'r cnapau tramgwyddus yn gwbl ddiofal a diarbed â'i fandrel. Digwyddai John Williams yr Hitsiwr fod yn rhigymwr parod, ac ar un achlysur fe'i cythruddwyd gymaint gan y raso amrwd fel y mynegodd ei ddicter ar gân:

Maent yn llanw dros yr ochre,
Nid wyf fi ond eiddil gwan;
Os na lanwan' nhw'n fwy deche,
Caiff y drams fod yn y man.

Pencampwr y lofa oedd John Edwards, Capel Hendre. Deunaw canpwys ar hugain oedd pwysau crynswth ei ddram drymaf, a phan arllwyswyd honno dros y bili ni chafwyd ynddi ond dau ganpwys o gropins. Safodd ei un canpwys ar bymtheg ar hugain gwir bwysau fel record diguro, a chan mai gŵr eiddil o gorff oedd John Edwards, Dôl-y-coed, ni ellid gwell prawf mai ym mherffeithrwydd ei grefft yn hytrach nag yn nerth ei fraich y gorweddai gwir ragoriaeth y glöwr.

ABATY TALYLLYCHAU

H.Meurig Evans (1911-)

BU'N ATHRO CYMRAEG YN YSGOL RAMADEG RHYDAMAN.
IEITHYDD A GEIRIADURWR AMLWG.

Aeth hedd yr hwyr i mewn i'th hanfod di,
  Grair y canrifoedd pell; mae rhwysg dy ddydd
Yn llonydd fel y llychau wrth dy ddôr,—
Yn esmwyth dawel fel hir hun dy gôr.

Ni chluda'r awel mwy d'offeren ddwys,
  A mud yw lleisiau clir d'abadau di,
Ciliodd cyfrinach y memrynau lu,
A llawer gem o drysor oes a fu.

Dy hyfryd hwyr sy'n hir a'th nos yn fwyn,
  Grair tangnefeddus y canrifoedd pell,
Murddun a mynach mud, abad a bedd,
Henaint a hun, y distaw hwyr a'i hedd.

AMBELL AIR

H. Meurig Evans

Nid yw'r pentref bach di-nod ar y map mwyach, a bellach nid yw hyd yn oed ar wyneb daear lawr. Yn wir, nid oes llawer yn bod heddiw sy'n ei gofio, ond fy nghenedlaeth i. Ie, CWM-COCH gynt, ar y ffordd fawr rhwng Caerbryn a Phenygroes yn Nyfed. Diflannodd rai blynyddoedd yn ôl yn ddi-brotest dan rym y peiriannau cawraidd a'r teirw dur nerthol yn yr awch am lo brig, a phe bai'r hen löwyr yn digwydd codi eu pennau heddiw, y rhai a fu'n turio ac yn gyrru'r hedings celyd byddai'n anodd iddynt goelio eu llygaid gan y trawsnewid anghredadwy.

Rhyw ddwsin o dai ac un plas oedd yno'n fy mebyd i, rhai yn fythynnod to gwellt gwyngalchog a'r pyramid du yn gefnlen iddynt, ac yna ger clwstwr o goed cysgodol gyferbyn ag adeilad ffan fawr y lofa gwelid canolfan grefyddol, sef ysgoldy perthynol i eglwys Llandybïe. Yno yn y cynhesrwydd cymdogol a'r grat agored eiriasboeth cynhelid gwasanaethau wythnosol a suliol, cyrddau cystadleuol difyr, cyngherddau amrywiol a'r hen gramaffon corniog yn chwarae'r recordiau crafog cynnar o Caruso ac enwogion cerddorol eraill. Ar ffurf L oedd yr ysgoldy a'r ofalwraig ddygn, gydwybodol, Meri Jenkins, pwten gron ddigymrodedd ei hanian, yn offeiriades bron, yn gofalu ddydd a nos rhag halogi'r fangre gysegredig—y nos yn enwedig pan oedd carwyr brwd yn mynychu'r cyntedd agored!

Y plas o'r un enw â'r pentref fu'n cynnal a chadw llawer o'r adeilad yn ariannol—Y Boneddigesau, chwedl fy mam, a oedd yn sicrhau bod y gynulleidfa'n presenoli ei hunan yn gyson a rheolaidd yn y gwasanaethau a'r Ysgol Sul, yn rhoi te parti ar achlysuron neilltuol, yn croesholi'n daer am absenoldeb ar y Suliau, yn gwobrwyo â llyfr emynau, y llyfr gweddi gyffredin a thestamentau am ffyddlondeb i'r moddion.

Mwyach nid oes yno na pherth na choedwig, dim ond ffens ar ôl ffens ddigysgod, crawcwellt cras di-faeth a cherrig cilica yn britho'r caeau gwastad, ond mae'r pyramid anferth o lo mân a slag hefyd wedi ei wastatáu—y pyramid lle bu'r trigolion yn nyddiau prinder a streic yn crafu am lo, lle bu'r tân shingrins mewnol yn mud-losgi am flynyddoedd diddiwedd a chymylau mwg yn torchi i'r awyr, lle buom ni blant yn saethu ein toboganau sinc bregus i lawr ochrau'r tip, y pentwr du hefyd a barodd i'n gwaun pêl-droed ni fod fel Cors Fochno a ninnau mor wan a llesg o'r herwydd fel na allem redeg hyd cyflawn y cae i ergydio'n sicr at y gôl. Ie, ardal streic 1921 a 1926—yr hafau hir crasboeth hynny pan oedd pawb yn gweithio'r glo brig yn fedrus drwy gyfrwng y drifftiau bychain i gynhyrchu sachau llawn o lo caled a oedd yn brin a gloyw fel diemwnt, a braint unigryw i ni oedd cael mynd am dro rhyfedd i lawr i'r gweithfeydd hynny.

Bellach lefelwyd dau dyle serth a achosodd lawer o drafferth adeg rhew ac eira i'r ddau fws oedd yn teithio'n feunyddiol i Gaerfyrddin—Tyle Caerbryn a Thyle John James—a ninnau blant yn edrych ar yr olygfa'n syn wrth iddynt styffaglan i fyny'r rhiwiau hyn. A chofio'n fyw hefyd am y docynwraig fochgoch galed, fflamgoch ei thafod sarrug a fyddai'n ceryddu'r cryts a hoffai ddringo'r ysgol wrth gwt y bws a oedd yn hwyluso awydd unrhyw un i fentro i ben y cerbyd.

Fe godwyd pregethwr, efengylwr a hyd yn oed bardd o bryddestwr yn y pentref bach diddorol ac yn sicr dinistriwyd llawer o freudd-wydion a dyheadau teuluoedd cyfain gan y chwalfa fawr.

Aeth perllan daclus 'Anti Maggie' (nid modryb i mi) oedd yn llawn o afalau melyn Morgan Niclas i ebargofiant—enw ar fath arbennig o afal. Difrodwyd y cae lle'r oedd yna fadarch brown hynod iawn—y Coedcae (Coece ar lafar) ac mae'r coedlannau trwchus a'r perthi cysgodol lle byddem yn chwilio am nythod ac wyau ac yn eu hadnabod bob un, y blodau lliwgar dengar megis gwlydd Mair, llysiau'r wennol, menig ellyllon, y droedrydd, cedor y wrach, dail y gwaed, a hocys y gors neu falws, a'r coed ysgaw hefyd wedi mynd—coed defnyddiol iawn i ni lunio catapwlt o'u canol meddal gwyn. Ond mae'r afon Lash yn dal i lifo i afon Llwchwr—yr afon lle byddai rhwy bymtheg o fechgyn dechau hanner noeth yn sgubo'i gwely a'i phyllau o'r brithyllod cyfrwys swil—eithr bydd hi yn llifo 'ar dragywydd daith' beth bynnag fo'r cyfnewidiau eraill a ddaw'n y dyfodol.

Nid yw hen ddrifft Caerbryn yno mwyach—y slant lle byddai hiwmor iachusol, tynnu coes beunyddiol a storïa difyr adeg y sbel, lle byddai gweithio dyfal i ennill 'arian con' er mwyn cael deupen y llinyn ynghyd, a lle byddai llawer i ffrâm gadarn o ŵr yn colli ei iechyd yn ifanc iawn o'r herwydd. Yno y cofiaf am y cwymp hwnnw ryw hanner can mlynedd yn ôl ar ddiwrnod olaf y flwyddyn—y glöwyr a minnau newydd gyrraedd pen yr inclein serth yn Adran I y ddrifft, cael hoe cyn dechrau, ac yna'r to yn agor uwchben y ddwy ddram lawn oedd yn y fan honno, a'm cyfaill profiadol i, hen golier rhadlon, Owen Aberdâr, yn tasgu heibio iddynt rhag ofn cael ei gladdu dan y cwymp. Ond yn ffodus fe gofiodd un ohonom am y ffordd aer, gul, nadreddog drwy dopol a phawb yn llithro fel mwydod ar hyd-ddi, ac yna drwy ddrws bradish mawr a thros gerrig filoedd nes cyrraedd diogelwch. Dyna gynnig clós—y ffin ddiadlam rhwng bywyd un funud ac angau sydyn yr eiliad nesaf.

Mae'r pwllyn dŵr mawr wrth odre'r pyramid wedi ei ddihysbyddu—y pwll lle byddai pawb yn sglefrio adeg gaeafau celyd, lle daliem weision y neidr lliwgar llachar adeg yr haf, rhwng y cawn a'r brwyn tal, lle byddai iâr fach y dŵr sionc wrth ei bodd yn llochesu rhag perygl.

Cymdeithas fodlon, heddychlon, Gymraeg a chymuned glós gymwynasgar wedi bod a pheidio â bod, wedi ei chladdu a'i difodi am byth, yr adar wedi eu hamddifadu o'u perthi a'u coedydd, a rhyw anialwch di-fwthyn a di-blas wedi ymddangos, y gwythiennau glo hynafol cyfoethog wedi eu cloddio a'u cludo'n wyddonol fodern heb i neb besychu i farwolaeth a'r defaid yn gorfod ceisio cael blas ar y canclwm a'r gwelltglas cras.

Mae'r cymeriadau'n rhithio'n fyw i'r cof, mae'r cyfnod dedwydd gynt yn parhau o hyd i mi—ond da o beth yw bod y pentref yn cael ei gofio gan rywun ar ddu a gwyn o barch edmygol i'w drigolion hoff a fu'n ymdrechu a brwydro'n ddiflino a diarbed yn erbyn caledi byw a bod yr oes honno, y rhai 'heb fod coffa amdanynt' yn unman arall a fu'n deyrngar i'w cymdogion, i'w cynefin, i'w crefydd a'u hiaith, ac i'r gwerthoedd a'r egwyddorion gorau.

YR HEN LOFA

D.Gwyn Evans (1914 -1995)

BU'N WEINIDOG YN LLANWRDA A LLANDYBIE.

Ni chlywir seiniau'r hwter yno mwy
  Yn galw'r gwŷr i'w gorchwyl megis cynt.
Rhydodd y rheiliau gloyw, a'r rhaff sy'n ddwy
  Fu'n tynnu'r dramiau'n gyflym ar eu hynt.
Ni thry yr olwyn chwaith ar ben y pwll
  A weindiai'r gaets i fyny, dro a thro,
Yn llawn o weithwyr o'i berfeddion mwll,
  Ag arnynt lwch y ffas a'r talcen glo.
Os mud yw'r hwter, ac os gwag yw'r ddram,
  Byth nid â'n angof yn y cwm y dydd
Y crinodd glowyr yno yng ngwres y fflam,
  A hwythau'n gaeth, heb obaith dod yn rhydd;
Ac ni all Duw na dewin godi craith
Y danchwa a fu'n dranc i ddyn a gwaith.

GLORIA MUNDI

W. Leslie Richards (1916- 1989)

GANWYD YNG NGHAPEL ISAAC, LLANDEILO.
ATHRO YSGOL, BARDD, LLENOR A BEIRNIAD CENEDLAETHOL.

Nid oes angen Duw mwyach arnom ni;
mae Ef wedi marw
ac wedi ei gladdu
o dan daclau ein dyddiau diwyd;
ac nid oes yfflon o ots
gan neb ohonom.

Ni welwn ei eisiau Ef
ynghanol ein trugareddau,
ein gimics modern a'n ceir crand—
teganau ein nihilistiaeth sinig.

'D yw'r Hollwybodol ddim 'gyda hi' bellach,
a diallu yw'r Hollalluog.
Oni all ein cywreinrwydd cyfewin ni
hyrddio gwŷr o ganol America
i gyrchfan benodedig ar wyneb y lloer
a'u dwyn eilwaith adre
fel gwerin gwyddbwyll ar ddiwedd gêm?

Chwalwyd ein mythau
a'n hen, hen, ramantau
wrth adael plentyndod a myned yn wŷr.
Gwthiwyd y Crëwr i sach Santa Clos,
ac aeth Stori'r Crud yn un o chwedlau Grimm,
yn ddifyrrwch hen wragedd sentimental
a phlant ar eu twf.

* * *

Ond bydd y Crist eto'n atgyfodi
o genhedlaeth i genhedlaeth
gan danio eneidiau dethol
pan fyddwn ni a'n geriach yn llwch.

Bydd yr Hollalluog a'r Hollwybodol
a gladdwyd gan ein twpdra digonol ni
yn cynllunio bydoedd newydd,
a dyfeisio gogoniannau
hyd ddiwedd amser.

A bydd gwŷr mewn cyfyngder
yn llechu dan ei adain
gerllaw y dyfroedd tawel,
ac yng Nglyn Cysgod Angau,
yn oes oesoedd.

TREIO'R TEST
(Yn nhafodiaith Shir Gâr)

W. Leslie Richards (1916-1989)

I ddachre, mae'n well i fi sbonio pwy dest w' i'n feddwl, wa'th ma' cymint ohonyn nhw i ga'l y dyddie hyn,—fel be-chi'n-galw a be-chi'n-galw,—alla i mo'u cofio nhw nawr i gyd! Wel, test i ddreifo moto-car sy gen i miwn golwg.

Ac wedi gweud cymint â 'na, man a man a shanco i fi ddachre yn y dachre'n deg i chi ga'l gwbod,—wel,—ga'l gwbod shwd y dachruodd pethe, os yw hynny'n gneud sens. 'Nawr, wrth ddrychid rownd, o'n i wedi penderfynu os cetyn nad yw dyn heb foto-car ddim yn hanner dyn. Ma' rhywbeth obeutu dyn miwn car, welwch chi. Alla i byth 'i sbonio fe'n well na 'ny, ond ma'n siwr ych bod chi'n dyall be sy 'da fi.

A mynte fi wrth y fenyw 'co ryw ddwarnod,—"Misus," mynte fi, "w' i'n mynd i byrnu car." Y peth rhyfedda yw, wedws hi ddim gair,—dim un gair o'i phen! Ond os w' i'n dyall pethe, fe dda'th rhyw ole newy' i llyged hi, gole na weles i mono-fe o'r bla'n ers pan o'n ni'n caru, 's lawer dy'. Ond pan wedes i y bydde hi'n well i ni ddachre ar gar secon' hand, gan nad own i'n ecspert ar ddreifo,—ddim wedi paso'r test, 'ta p'un,—fe a'th y gole mâs! A chyn gynted ag yr a'th y gole mâs, mi ddachruodd hithe lefaru. "Secon' hand!" mynte hi, "Secon' hand! Be 'newch *chi* â secon' hand a chithe'n ffilu cynnu tân yn grat 'ma heb wso digon o go'd a phapur i rosto eidon? Tae chi'n ca'l car secon' hand am ddim, a hwnnw'n torri lawr, fyddech *chi'n* gwbod dim beth i neud ag-e."

'N awr alla i ddim gweld y cysylltiad rhwng cynnu tân a phyrnu car, ond dyna chi, 'd yw meddwl menyw ddim yn gwitho'r un ffor' â meddwl cr'aduried er'ill.

Ta beth a fo, car newydd fflam dda'th 'co. O'n i wedi hala cymint arno-fe rhwng popeth fel nad o'dd gyda fi ddim coin yn sbâr i dalu am lesns i ddysgu dreifo. Yr own i'n barod yn gallu dreifo tractor 'y mrawd ar hyd y ca' gwair, hyd yn o'd â llwyth wrth i gwt-e, ac yr o'dd Jones drws nesa wedi gweud lawero'dd o weithe y galle fe 'nysgu i i ddreifo cystled â neb. Hynny fu, er nad yw Jones (rhyntoch chi a fi) fowr o law arni'i hunan. Yr o'dd-e wedi bod yn ddigon lwcus i beido ca'l damwen ers rhyw ddeng mlynedd ar hugen, dyna i gyd,—ond yr o'dd e'n ddigon da i ddod i ishte wrth ych ochor chi, wa'th yr o'dd y gyfreth yn hawlio hynny!

Ac, os gwedodd yr hen fachan 'ny, mi a'th pethe'n od o ddidramgwydd. Laddson ni neb. Beth w' i'n wilia! Wel, naddo, neb—ond cwpwl o ieir. A chyda llaw, dyna bethe od yw gieir. Mi sefan i grafu ar ochor yr hewl nes boch chi yn 'u cyfer nhw, ac yna fe sgathran yn gro's, a phan fyddwch chi wedi mynd heibo, dim ond pluf a threips fydd ar ôl. Ond own i wedi dod yn ecspert erbyn y diwedd. Pan glywn i bwmp dan y whil ôl, own i'n rhoi 'nhro'd lawr ar y jiws i ga'l mynd o olwg y ffarmwr cyn iddo-fe ga'l amser i godi'r nymber. Fel 'ny, dim ond am un giâr y buodd rhaid i fi dalu, a wedi dadle lot mi ddes mâs yn go lew, wa'th mi gnoces y prish lawr i dri a whech y pownd!

Ond am y test 'ma. Wedi mishodd o ddreifo,—nid nad o'n i'n barod miwn pythownos,—ond ych chi'n gwbod fel ma' hi, 'r o'dd rhwbeth yn codi o hyd i rwystro dyn, o'r diwedd fe dda'th y dwarnod mowr.

Galw yn yr offis am y tester am "12:30 prompt" fel o'dd y garden yn gweud, ond 'i bod hi'n nes i un o'r gloch, achos nad o'dd y cinio ddim cweit yn barod gan y fenyw 'co. Whapyn o fachan coesog, tal o'dd y tester, ac o'n i'n onfi ar y dachre na fydde dim digon o le iddo fe miwn car bach. Ond wir, fe dda'th miwn â bwndel o bapure yn i gôl e. Fe wedws wrtho i am starto, a phryd 'ny dachruodd y gofid. Wrth ollwng y *clutch* miwn (ne' mas,—w' i byth yn siwr), mi jwmpodd yr hen gar lathed mla'n nes bod papure'r hen frawd yn ffluwch am 'i ben-e. Mi wedes inne,—"Sorry, old boy, the clutch is rather fierce, you know, on these new cars." W 'i ddim yn credu iddo fe glywed achos yr o'dd e'n rhy fishi yn casglu'i drugaredde. Wedodd-e' ddim gair, ta p'un, a wir, yr o'n ni'n mynd yn ffamws 'nawr yn secon' gêr. Mi a'th â fi rownd h'ibo Woolworth, ac os ych chi'n gwbod am dre C——, ach chi'n gwbod fod canno'dd o bobol ffor' 'ny wastod. O'n i'n cadw'n glos yt y pafin achos bod yr hewl mor gul, ac o'n i ddim am ga'l cloncad os gallwn i b'ido, 'r o'dd digon o dolce yn y car ishws,—wêr an' têr os gwedon nhw, y peth ma'r ecsperts ma'n i alw'n *depreciation*.

Cyn hir 'ma fi'n sylwi fod rhywun yn rhedeg wrth ochor y car ac yn ffusto'r ffenest â'i ddwrn am 'i fywyd. Mi stopes inne ga'l gweld beth o'dd-e'n mo'yn. Hen ffrind, falle, wedi 'nabod i. Ond, gyda bo' fi'n stopo mi sylwes ma'r hyn o'dd wedi digwydd o'dd bod strapen 'i fac e'n sownd wrth handl y drws. Mi wedes i wrtho fe'n itha poleit,—"You should be more careful, you know. You could have been badly injured." (Ma'r Highway Code yn gweud wrth ddyn y dyle fe fod yn 'corteous to other road users'.) Wn i ddim yn iawn beth wedodd-e i gyd, ond w'i'n cofio bod 'bloody fool' yn y stori yn rhywle. O'n i'n cytuno ag-e'. Ddyle-fe ddim gadael i strapen'i fac i fflapo ar hyd y lle miwn man mor gul!

Dachre off eto. Biwtiffwl y tro hyn,—dim jurc na naid. "Turn left", mynte'r tester (beth yw'i deitl iawn e, gwedwch?) Troi gan bwyll ("Always be careful at corners"), ac wrth rowndo, mi glywes bwmp bach dan y whil ôl. O'dd un peth yn siwr. O'wn i ddim wedi lladd ffowlyn ta beth, o'dd dim ffowls i ga'l fan 'ny. Ond wedi streito lan ac edrych yn y glas bach (ma' hynny'n bwysig bob amser), mi welwn ryw hen foi yn hopo ar y pafin, ac yn magu'i dro'd. Arno fe o'dd y bai,—'r o'dd 'i dro'd e'n nes ato-fe nag o'dd y whil ôl ata i!

Mi ddethon i'r 'traffic lights' ar y sgwâr a thipyn bach o ripyn i fynd lan atyn-nhw. Wrth gwrs o'dd y gole'n goch. Stopo, a chofio mai jobyn ticlus yw "starting off on a hill". Cadw'r ddou lygad ar y gole yn barod am "quick getaway". Ciw hir o geir tu ôl, wrth gwrs. 'Ma'r gole melyn yn dod, ac wedyn y gwyrdd. Bang miwn i gêr, a gollwng yr handbrec,—digon o jiws i gymryd y tyle. Y peth nesa wn i o'dd mod i wedi mynd 'n ôl slap i fympar y car nesa ata i, a'r tester yn ca'l yffach o whirret ar 'i dalcen yn erbyn y glas. Own i yn *reverse*.

Erbyn hyn o'wn i beutu ca'l digon. Mâs â fi o'r car a chwpwl o ddamits yn barod i'r boi tu ôl, achos o'wn i'n credu mai fe o'dd wedi 'mwrw i. Ond pan weles i ma' ffeiriad o'dd-e, mi gadwes y damits, ond ta p'un, ches i ddim cyfle achos mi wedodd 'i wraig-e bopeth o'dd ishe, a thipyn bach dros ben. Ond fi gâs y gore yn y diwedd, achos mi ddodes i hi yn 'i lle pan wedes i wrth madel -"Ble ma'ch llyged chi, fenyw? Allech-chi ddim gweld yr 'L' ar y car? 'I fusnes e' o'dd cadw'n ddigon pell 'n ôl."

Allen ni ddim bod fan 'ny drw'r dydd, achos o'dd ishe cliro'r hewl i'r ceir er'ill ga'l mynd. A bant â ni. Mi sylwes fod clobyn o hwrlyn yn codi ar dalcen y tester, ac yr o'dd ynte erbyn hyn wedi ca'l digon, achos mynte fe,—"Let's get back to the office."

I gapo'r cwbwl, ar y ffor' 'n ôl fe groesodd rhyw hen filgi glatsh o fla'n y car. Mi stopes inne bang, ond mi gâs y ci wad yn 'i ben-ôl, a bant ag e fel cath i gythrel, yn wawchen dros y lle, â'i gwt rhwng 'i fagle. Pan ges i'n hunan at 'i gily', mi saces yn llaw mas trw'r ffenest a'i wafo hi lan a lawr,—arwydd mod i'n mynd i stopo! Ond erbyn meddwl wedyn, peth hurt braidd o'dd hynny, achos o'n i wedi stopo'n barod. Ond, dyna chi, siwr sy siwra'. Mi weles i fod mei nabs yn gneud nodyn o'r peth, ac w' i'n credu fod hynny'n boint o'n ochor i, wa'th ma gneud arwyddion yn bwysig, mynte nhw.

Gan gofio'r boi â'r mac, mi garces i stopo yn ddigon pell o wrth y pafin pan ddethon ni'n ôl i'r offis. A dyma fe'n mynd dros y beie. A i ddim i' henwi nhw i gyd i chi, ond y geire dwetha' wedodd e' o'dd,—"I've seen worse drivers," a wir, o'n i'n dachre meddwl mod i'n mynd i baso, ond mi a'th ymla'n i weud ar gefen hynny,—"But I can't remember where."

'N awr w' i'n fodlon cyfadde nad o'wn i ddim wedi meddwl paso'r tro cynta,—'d w' i ddim yn un o'r bois lwcus 'ma sy'n ca'l popeth yn 'u ffordd 'u hunen. Ond o'wn i'n weddol o siwr y bydde-fe'n gweud wrtho i am ddod'n ôl ymhen mish. Ma' hynny'n beth arferol, achos bod ishe arian ar y wlad. Ond wedws-w' ddim byd. Mae'n rhaid 'i fod e' wedi anghofio, sownd wir!

YR ARTIST

Huw Ethall (1916-)

BU'N WEINIDOG YN Y GARNANT A RHOSAMAN.

Pan ofynnodd Wyn Calvin iddo mewn cyfweliad ar y teledu ar Fawrth 6, 1977 am ddylanwad neu arwr neu esiampl, cyn ei farw annhymig ar Ebrill 22, 1977 yn Buffalo, America yn ddeugain oed, meddai mewn un gair: "Chaplin." Dyma ei ymddangosiad olaf ar y teledu, ac yn rhyfedd iawn, bu Chaplin ei hun farw ar y dydd Nadolig wedyn, ond yn fwy na dwywaith ei oedran ef.

Artist yn cydnabod artist oedd ateb fel hyn.

Y bychan mawr, y comic trist—ef oedd yr un i edrych i fyny ato. A'r unig un. Yr oedd y ddau tua'r un taldra (neu fyrdra) ac anodd i gyfartal—o ran corff, beth bynnag—yw edrych i fyny at neb. Ond ef a fyddai'r cyntaf i'n harbed rhag y rhyfyg o'i roi ei hun, o bawb, ar yr un tir â Chaplin. Dangosai na fynnai wneud arwr ohono ef ei hun, beth bynnag, ac y mae gostyngeiddrwydd yn rhinwedd ymhob artist gwerth yr enw.

Ar y llaw arall, oni allai ef wneud ambell beth na allai hyd yn oed Chaplin ei wneud? Hyd y gwyddom ni, ni allai'r Sais-Americanwr na chanu'r delyn na chanu â'r delyn, heb sôn am fod yn feistr ar ganu'r piano hefyd. Prin y dywedodd yr actiwr mawr hwnnw o Hollywood air o'i ben erioed ar y sgrîn, heb sôn am ganu.Meim oedd ei *forte* ef. Ond canai hwn Gymraeg a Saesneg, ffug Eidaleg neu unrhyw iaith arall o ran hynny, pe bai ond am hwyl ac i roi hwyl. A dyma ran o'i *forte* yntau.

Ac nid unrhyw fath o lais cyffredin oedd ganddo chwaith. Rhyfeddai pawb wrth edrych ar y corff eiddil o ble deuai'r cyfoeth o gân a oedd yn dygyfor o'i fewn. 'Roedd ganddo fôr o lais ar brydiau a throeon eraill llifai purdeb nant dros ei fin. Gallai fod yn felfed neu'n sidan ac fe'i hamrywiai yn ôl y galw.

Canai i ddifyrru a chanai i ddifrifoli, canai i sirioli ac i swyno. Mae gennyf syniad cudd—o'r caneuon a ganai—fod "Myfanwy" yn arbennig ac "Ar hyd y nos" hefyd yn ffefrynnau mawr ganddo. Yr oedd mêl melysach na'r cyffredin wrth ei glywed yn canu'r rheini.

Yr oedd ganddo'r dalent, nid i ganu'n unig, ond i gyfansoddi caneuon a thonau, a'r rheini yn cydio—prawf eto o'i athrylith fawr. Cyfansoddodd ei gân gyntaf—"Gwen Llwyd"—yn 1957 pan oedd yn fyfyriwr yng Ngholeg y Normal, Bangor a'i gyfaill mawr, Rhydderch Jones, a gyfansoddodd y geiriau. Yna daeth "Parys," "Wil Sgavar," "Trad a Troi," "Hwn a Hon" a "Noson o Haf" a thriawd y Coleg hwnnw yn eu canu. Ar ôl cyfnod o ddysgu yn Llundain, dychwelodd i Gymru a chyfansoddodd ganeuon "Rhy hwyr," "Rhoddwch i mi enw," "Nadolig pwy a ŵyr," "Blodwen a May," "Ti a dy ddoniau" a "Hen geiliog y gwynt." Nid artist cyffredin mo hwn.

Fel un a aned yng Nghwm Aman (Sir Gaerfyrddin gynt), yr oedd yn Gymro gant y cant, ac wedi i'w rieni symud i Sir Drefaldwyn ac yntau'n blentyn ysgol, cafodd wybod am fwynder y sir honno. Ymhen y rhawg, priododd Irene o Lanrhaeadr ym Mochnant. Drachtiodd gymaint o'r mwynder fel iddo ddod y lledneisiaf o artistiaid a'r boneddigeiddiaf ohonynt hefyd, heb golli'r hiwmor a fyrlymai'n reddfol ohono.

Diflannodd o'r sgrîn erbyn hyn, ond deil y llais a'r gân o hyd yn ein clustiau ac yn ein calonnau.

Yr oedd ganddo rywbeth mwy na dawn neu dalent, mae'n amlwg. Efallai mai "greddf artistig" fuasai'r disgrifiad teg ohono, er na weithiodd neb yn galetach i berffeithio'r ddawn a oedd yn amlwg ynddo. Gall greddf weithio'n anartistig weithiau hefyd.

Yn y *Western Mail* ar ddiwedd 1977, cafwyd arolwg o'r flwyddyn ymhob arwedd arni a chloriannu cyfraniad y celfyddydau yn arbennig gan Chris Stuart. Yr oedd llun tri artist a fu farw yn ystod y flwyddyn ar y tudalen honno—Elvis Presley, Bing Crosby ac ef. Y geiriau a gafwyd oddi tanynt oedd: "Elvis Presley: *cult of youth*; Bing Crosby: *oozed charm*; Ryan Davies: *a perfectionist.*"

I'r gohebydd a'r beirniad hwn gallesid ei roi gyda'r 'mawrion' o America. Gormodiaith? Eithafiaeth?

Yr oedd y gair 'perffeithydd,' fodd bynnag, yn gywir amdano. Dyna un o nodweddion amlwg pob gwir artist, ac ni weithiodd neb yn galetach nag ef i ymberffeithio yn ei alwedigaeth.

Yng Nghymru, ef oedd yr arloeswr yn y byd adloniant proffesiynol Cymraeg a Chymreig ar y teledu. Fel un a agorodd y ffordd, yr oedd tebygrwydd rhyngddo â Chaplin yr arloeswr ym myd y ffilm.

Cymwynas bob amser yw cael barn cydweithiwr am artist fel ef. Meddai Ifor Rees, cynhyrchydd cynifer o raglenni y cymerodd ran ynddynt ac un a ŵyr am gyfrinachau'r gelfyddyd o ddarlledu: "Yn ddi-ddadl Ryan oedd y diddanwr a'r actor mwyaf a welodd Cymru'r ugeinfed ganrif . . . Ni fu neb tebyg iddo—yr oedd yn unigryw" (*Y Genhinen* 27/2: 1977). Gormodiaith eto? Prin yn wir. Meddai yn yr un ysgrif, wrth gyfeirio at ei wahodd ar gyfer y gyfres "Ar Glawr"—rhifyn Wil Ifan—i wneud tri pheth hollol wahanol—cyflwyno darn digri ("Y dyn nerfus yn cynnig diolch"), llefaru "Ymson yr hen ŵr" (allan o'r bryddest "Bro fy Mebyd"), a gosod a chanu i'w gyfeiliant ei hun ar y delyn fach delyneg "Porthcawl": "Ni fedrai neb arall ond Ryan gyflawni'r fath gamp o amrywiaeth a gwneud y cyfan yn odidog ddiffwdan heb arbed dim arno'i hun" (tud.96).

Yn y traddodiad *commedia del 'arte* yng Nghymru, tybed a gyfyd seren arall gyffelyb iddo yn y dyfodol fel y bydd ef, bryd hynny, yn ddylanwad, yn arwr ac yn esiampl? Nid yw'n amhosibl o gwbl.

Bydd ef ei hun yn "Chaplin" i rywun wedyn, bydd y cylch yn gyflawn ac yntau'n cael yr anfarwoldeb a haedda.

Y BARCUD

Parch Glyn Alun Williams (Alun Cothi 1917-)

OFFEIRIAD O GWRT-Y-CADNO.

Cylcha'r nen fel hofrennydd—ei edyn
   Llwydion bron yn llonydd,
Wedi hela'n y dolydd
Try y cawr at gartre' cudd.

DYDD GŴYL DDEWI

Canon Dewi Thomas (1917-)

OFFEIRIAD A HEDDYCHWR, WEDI YMDDEOL I RYDAMAN.

Ein nefol Dad, O clyw ein cri,
Ar uchel ŵyl ein cenedl ni,
Rho gymorth i'th addoli Di
Â newydd gân.
I'r rhai a berthyn iddi hi,
Rho galon lân.

Dysg inni gadw'n cred a'n ffydd,
A rhodio megis plant y dydd,
Nid mewn caethiwed, ond yn rhydd
I wneud ein rhan,
Cans hebot Ti does arall sydd
A'n deil i'r lan.

Gwna ni yn llawen ar bob pryd,
Gan hau goleuni yn y byd,
A chofio am dy gariad drud,
Fe na bôm drist.
Fe'n cyfoethogwyd oll i gyd
Gan Iesu Grist.

O Dduw, y gallu inni moes,
I ninnau wneuthur yn ein hoes
Y pethau bychain, er pob loes,
A wnaeth y sant.
Yn enw Iesu, Crist y Groes,
Clyw lef dy blant.

'TYRED ARWAIN FI'

(Cyfieithiad—Dietrich Bonhoffer Y Calan 1945)

D.Eirwyn Morgan (1918-1982)

Ganwyd yn Saron. Prifathro Coleg y Bedyddwyr, Bangor.
Golygydd, newyddiadurwr a chenedlaetholwr.

Trwy rasol ddoniau a'n cysgoda'n rhyfedd,
A disgwyl yn hyderus am a fydd,
Gwyddom am nodded Duw bob hwyr a bore,
A'i gyfarch di-nacâd bob newydd ddydd.
Er hyn y galon hon gan yr hen elyn
A boenir, a daw dyddiau blin i'm rhan:
O rho dy iachawdwriaeth i'n heneidiau,
Sydd, er dy rybudd, Iôr, mewn ofn yn wan.

A phan fo llawn y cwpan roddaist inni
Â dioddef chwerw na ddeallwn ni,
Heb gryndod, ac â diolch, fe'i derbyniwn
Yn awr o'th law daionus, annwyl Di.
Drachefn pan ddaw i'n rhan yn hyn o gread
Orfoledd gawsom, gloyw heulwen ddrud,
Cofio a wnawn holl ddyddiau pererindod,
A Thi fydd biau'n bywyd ar ei hyd.

Ar 9 Ebrill, 1945, crogwyd Dietrich Bonhoffer yn y carchar yn Flossenburg, yn 39 oed, gan ddatgan, yn ôl cyd-garcharor, 'Dyma'r diwedd-ond i mi, gychwyn bywyd'.

NAW MILLTIR

J. Eirian Davies (1918-)

GANED YN NANTGAREDIG. GWEINIDOG, BARDD A BEIRNIAD.

O Nantgaredig i Landeilo
Uwchlaw'r ddaear.

Naw milltir.

Lawr isod
Ymhell
Lawr danom
Ymhell, bell
Obry
Yr Alpau,
Yn galed gan haul
Yn wyn gan eira;
Lawr
Lawr
Ymhell,
Yr Alpau fel talpau toes.

Beth petawn yn syrthio
Yr holl fordd o'r plên i'r ddaear—
Fel petawn yn syrthio'r holl ffordd
O Nantgaredig i Landeilo!

Ai pleserus y plymio?

Heibio i Abercothi,
Llanegwad
A'r Dryslwyn,
Y Gelli Aur,
Llangathen
A Dinefwr

Cyn disgyn trwy do marchnad Llandeilo
Glwriwns i ganol stondinau wyau a ieir,
Y sachau tato, y rhofiau a'r bwcedi a'r trangwls
    cartrefol
Pethau mebyd.

Hen bethau cynefin
Yr hiraethaf ar dywyll nosweithiau
Am fynd yn ôl atynt.

Bron iawn na neidiwn allan y funud hon,
Onibai fy ngwybod y byddai ceisio dychwelyd
    i'w plith
Yn angau di-ddihengyd
I bresennol y neb sy â'i ben yn y cymylau
Naw milltir
Uwchben y byd.

MARTIN LUTHER KING

T. J. Davies (1919-)

BU'N WEINIDOG YN Y BETWS.

"'Rwy'n dweud wrthych heddiw, fy ffrindiau, ar waetha'r anawsterau a'r rhwystrau fod gen i freuddwyd. Mae'n rhan o freuddwyd America.

Mae gen i freuddwyd y gwelaf y genedl hon yn codi ryw ddydd i fyw yr hyn a ddywed un o erthyglau ei chyfansoddiad: 'Daliwn fod y gwirionedd hwn yn eglur, fod pob dyn yn gydradd.'

Mae gen i freuddwyd y bydd meibion caethweision a meibion eu perchnogion yn abl i eistedd o gwmpas bwrdd brawdgarwch ar fryniau Georgia—rhyw ddydd.

Mae gen i freuddwyd y bydd talaith Mississippi hyd yn oed, rhyw ddydd, ynys sy'n anial o ormes ac anghyfiawnder, yn cael ei newid i fod yn werddon o ryddid a chyfiawnder.

Mae gen i freuddwyd y bydd fy mhedwar plentyn yn medru byw, ryw ddydd, fel rhan o genedl lle bydd cymeriad yn bwysicach na lliw croen.

Mae gen i freuddwyd heddiw.

Mae gen i freuddwyd y bydd talaith Alabama, ryw ddydd, talaith sydd â'i llywodraethwr ar hyn o bryd yn cyhoeddi geiriau o warth a gwawd, y newidir hon i fod yn fan lle bydd bechgyn a merched duon yn abl i gydio yn llaw bechgyn a merched gwynion a chyd-gerdded ar yr heolydd.

Mae gen i freuddwyd heddiw.

Mae gen i freuddwyd: 'pob pant a gyfodir a phob mynydd a bryn a ostyngir, y gŵyr a wneir yn uniawn a'r anwastad yn wastadedd a gogoniant yr Arglwydd a ddatguddir a phob cnawd ynghyd a'i gwêl.'

Dyna ein gobaith. Dyna'r ffydd sydd gen i wrth droi yn ôl i'r De. Gyda'r ffydd hon gallwn gloddio o fynydd ein siom garreg o obaith. Gyda'r ffydd hon medrwn droi discordiau aflafar ein cenedl yn symffoni hyfryd o frawdgarwch.

Gyda'r ffydd hon gallwn gyd-weithio, cyd-weddïo, cyd-ymdrechu, gan wybod y byddwn yn rhydd ryw ddydd.

Dyna'r diwrnod pan fedr plant Duw i gyd ganu gyda newydd ystyr,

Fy ngwlad, lle mae fy nghrud,
Di, wlad y rhyddid drud,
  Derbyn fy nghân.
Gwlad fy hynafiaid cu,
Gwlad pererinion lu,
Seinier o'r bryniau fry
  Glod rhyddid glân.

Os yw America i fod yn genedl fawr, rhaid i hyn ddod yn ffaith. Bydded i ryddid ddatsain o ben pob bryn yn New Hampshire. Bydded i ryddid seinio o ben pob mynydd yn Efrog Newydd. Bydded i ryddid seinio o gopaon uchel yr Alleghenies ym Mhensylfania.

Bydded i ryddid seinio o ben mynyddoedd eiraog y Rockies yng Ngholorado. O bob mynydd, seinied rhyddid.

Pan adawn i ryddid seinio, pan adawn iddo seinio o bob pentref a threflan, o bob talaith a dinas, yna byddwn yn abl i brysuro'r dydd pryd y gall holl blant yr Arglwydd, du a gwyn, Iddew a Chenedl-ddyn, Protestaniaid a Chatholigion, gydio law yn llaw a chanu cân y Negro,—

'Rhydd o'r diwedd! Rhydd o'r diwedd!

Diolch i'r Hollalluog Dduw, o'r diwedd yr ydym yn rhydd.'

GAFAEL TIR

Glyn Ifans (1920-)

PRIFATHRO WEDI YMDDEOL A ANWYD YM MHENRHIWGOCH A'I ADDYSGU YN YSGOL RAMADEG LLANDEILO.

Mi wn i'n iawn beth oedd ym meddwl Gwenallt pan welodd Sir Gaerfyrddin fel wyneb brawd. Am flynyddoedd fe fûm i'n credu fy mod i'n deall yr hyn a ddwedodd a hwyrach fy mod i, ar lefel arbennig. Ond un o ychydig rinweddau mynd-yn-hŷn yw canfod gwirionedd ar lefel newydd, yn uwch, yn ddyfnach nag o'r blaen. Fe dybiwn i mai'r peth anniffiniol hwnnw a elwir "profiad" sy'n gyfrifol am y dehongliad newydd fel petai dyn wedi etifeddu cyniferydd deallusrwydd o fyd arall. Mae hiraeth, atgof, darlun o ddigwyddiadau digon dibwys yr echdoe pell yn rhan o wead y deall newydd hwn. Dwyseir y deall hwn gan radd arbennig o sylweddoli a gweld realaeth gwirionedd nad oedd mor amlwg cynt.

Mae hyn yn astrus iawn, yn boenus iawn. Mae'n boenus, fel y profodd Syr Thomas Parry-Williams, yn gymharol ddiweddar, pan aeth yn ei ôl i'w Eryri a chael fod yno rai yn barod i'w erlid. (Rhywbeth yn debyg a ddigwyddodd efallai i'r hen genedl wrth deimlo'r wasgfa pan ddyrchafwyd brenin na wyddai ddim am Joseff). Ni chefais i f'erlid, hyd yn hyn. Buasai hynny yn fwy caredig na'r haen o ddieithrwch sydd yn fy nghadw rhag bod yn un â'r lle. Fel y ferch honno, ar y cei yn Rio de Janeiro, un o'r lle fyddaf i bellach.

Yn nyddiau maboed yr oeddwn yn adeiladu rhyw fur amddiffynnol o gwmpas fy mro. Gwn am fryncyn ar Cae Draw—fy Anathoth i—ar y rhimyn tir sy'n gwahanu'r garreg galch a thir brasach Dyffryn Tywi. O'r fan honno, o'r bryncyn hwnnw, gallaswn weld fy nheyrnas yn gyfan unrhyw adeg. Y peth mawr oedd mai fi pioedd y cyfan. Petasai Dafydd Iwan ychydig yn hŷn, mi allasai fe, bryd hynny, fod wedi dod o hyd i'w fro Afallon yno. Dŵr pob nant yn groyw (nid yn gwrw gan fod tipyn o ddylanwad y Recabiaid yn yr ardal), 'd oedd Nadolig ddim yn dod bob-yn-ail ddydd Iau ond yr oedd pawb yn siarad Cymraeg. Bro nad oedd un diwylliant arbennig yn perthyn iddi, namyn diwylliant y capeli a'r peth trymaf a ddarllenai'r mwyafrif oedd y *Carmarthen Journal*. Darllenid rhai pethau trymach o gwmpas y Sulgwyn pan gynhelid y Gymanfa Bwnc. Ond yr oedd hi'n fro Gymraeg—iaith gyntaf pob plentyn a mam a thad, ac unig iaith pob buwch a chi a cheffyl. Ni feddyliodd neb erioed am addoli yn Saesneg a go brin y canem yr un o'r nifer fechan o emynau Saesneg yng nghefn y *Llawlyfr Moliant*. Weithiau'n denau y caem emyn fel "For Ever with the Lord" a hynny, "for the sake of our English friends" pan ddôi rhywun a'i gymar anghyfiaith i fwrw'r Sul yn egwyl Awst.

'R wy'n sylweddoli fy mod ar drywydd rhywbeth go ddifrifol yn awr ac yn ymwybodol mai seithug fydd pob ymgais o'm heiddo i gael ateb cyflawn.

Ymhell, bell yn ôl yn y genesis cynnar fe ofalodd y Crëwr blannu ynom reddf i'n cadw rhag colli'r awydd am gadw einioes. Dyna, gredaf i, yw'r ymdeimlad ein bod ni, nyni'n bersonol felly, yn iach o bob afiechyd, ond ei bod yn ddigon gwir fod heintiau, plâu, ac aflwydd o bob math yn taro pobl eraill, nid y "fi'n" bersonol. Ond fe ddaw'r "ysictod" a'r dirdyniadau pan ddaw'r anorfod. A dyna a ddigwyddodd i mi yn fy nghynefin. Collais fy nheyrnas. Fe'i cipiwyd gan dreiswyr. Cefais deimladau fel yr eiddo W. J. Gruffydd yn *Y Tro Olaf* a T. J. Morgan yn y cyfarfod hwnnw yng Ngrwyne Fechan. Pan aeth T.J.M. ar drywydd edefyn olaf y Gymraeg yng Nghwm Grwyne bu'n ddigon ffodus i fynd adeg eira a thywydd mawr pan oedd y mudandod gwyn wedi meddiannu'r wlad. Dichon fod hyn wedi bod yn help iddo ddygymod â mudandod mwy un o'r "ieithoedd diflanedig".

Af i'n ôl i'm cynefin ar ddydd o Fai pan fo cân cog, gwên blodau clawdd ac irder Mai ar gae a chnwc yn galw arnaf i weiddi a churo dwylo. Dyna ran o'r chwithdod.

Pwy sydd yn y Garngoch?
Pwy sydd ym Mhantyffynnon?
Pwy ddaeth i siop Maesybont?

Daw'r ateb i'r naill gwestiwn ar ôl y llall fel nodwyddau rhyw anghenfil a fyn fy mhoenydio'n ddidrugaredd.

"Saeson sy yn y Garngoch! Pobl ddigon ffein ond, chi'n gw'bod, ddim 'r un peth."

"Pantyffynnon ddwedest ti? Cymro yw e, ond Saesnes yw hi."

"D wy i ddim yn bendant pwy sydd yn y siop."

Pob ateb yn fy nhrywanu hyd at y mêr. Aeth yr iaith o'r Garngoch a'r hwsmonaeth y gwyddwn i amdani. Ni welodd yr hen geyrydd wyngalch ers blynddoedd ac y mae gatiau Cae Draw a Chae Ynys Dewi yn hongian yn feddw ar eu colfachau. Maen nhw'n dweud llawer.

> "Darfu'r hen chwerthinus gwmni
> Darfu'r byd oedd gynt ohoni."

A dyna fe. Darfod. Dyma air gwŷr Gwynedd am dynnu gwnïad dilledyn. Darfod a newid. Mae un o'n merched ifainc cyfoes, y benfelen o Bontardawe, yn gosod geiriau Llyfr y Pregethwr ar gân a'i thema yw'r TRO sydd ym mhob peth; pennwyd tymp pob dim ac y mae newid yn anorfod. Fe fydd rhywrai yn cofio stori Tegla am y Cymro o blisman hwnnw yn Lerpwl yn adrodd sut y gobeithiai am hydrefu yn ardal Corris a chael adfyw yr hyn a gafodd gynt. Ond yn ôl y daeth y plisman i Lerpwl gan ddatgan yr hanner gwir, "'D yw pethe ddim tebyg i beth oeddan nhw." Sylw amserol Tegla oedd ein hatgoffa nad oedd y plisman yn sylweddoli ei fod ei hun hefyd wedi newid.

Gwir eto y cwpled, bob gair ohono:

"A feddo gof a fydd gaeth,
Cyfaredd cof yw hiraeth."

Bwriais saith mlynedd ym mherfeddwlad Ceredigion, yn Nhregaron, ond "dyn dwad" fyddaf i am weddill fy nyddiau yma. Yn y fro hon, 'chaf i ddim o'm huniaethu â pherson (fel enw fy nhad neu'i waith) nac ychwaith â lle (fel enw gweithdy, siop neu dyddyn). Rhywbeth tebyg i hyn fydd y siarad:

"Na, dyn dwad o'dd e."
"O Shir Gâr, ontefe?"
"Ie, ond d'wy i ddim yn bendant o ble."
"Ie .... ond fwy i'r Sowth."

A dyna fe, mor bell â phe bawn wedi landio (chwedl Williams) ar daith o dalaith Nevada. Digon pell i'm hanwybyddu a therfynu'r holl sylwadau yn swta. Ond beth am un o Dregaron? Mae ei dras a'i hanes yn hysbys. Bydd pawb yn dilyn hynt y cromosomau ac yn eu gweld yn pontio cenhedlaeth ar ôl cenhedlaeth.

"Wil yr Efail ddwetsoch chi?"
"Be'ch chi'n ddisgw'l...?"
"'R wy'n cofio'i dadcu .... 'na greadur gwyllt ..."
"Dilyn march oedd e?...."
"Ie, a ...."

Ond rhaid i'r ymddiddan gadw o fewn terfynau rhag bradychu cyfrinachau cyd-ddinesydd. 'D yw e ddim yn beth drwg o gwbl fod pobl leol yn gwybod eich hanes. Mae iddo un rhinwedd o leiaf. Fe fydd yn dystiolaeth weddol agos at y gwir, yn seiliedig ar ffeithiau a sylwadau cyfoeswyr a chyd-ardalwyr. Ond pur amheus fydd popeth am y dyn dwad, y dyn o bant. Daeth ei hanes ef o enau i enau, dros feithion filltiroedd ac yn nhraddodiad y stori lafar newidiodd gryn dipyn o'i diwyg a'i dilysrwydd ar y daith.

Eithr yn ôl y bydd yn rhaid imi fynd. Mae'r mân-wreiddiau a roes nodd a maeth yn dal i afael yn y tir. Mae'n rhywbeth mwy na gweld mwg o gorn bwthyn neu weld derwen gam yn gwyro. Mae pob clawdd a pherth a chnwc, pob wal a gofer a ffos yn yr hanner-milltir sgwâr yn galw. Mae'n resyn gweld ffa'r gors a chribau Siôn Ffrêd heb eu cynaeafu ar gyfer anhwylderau'r gaeaf; ddylsai'r gollen hon ddim bod fan hyn o hyd a'r fath glopa pert arni; erioed ni feiddiodd y blodau crach ddim mentro mor eger wrth fôn y wal fach. Ni fuasai'r naill na'r llall yn awyddus i wybod fod pethe fel y ma'n nhw. Fy ngofid mwyaf yw eu bod nhw'u dau yn synhwyro fod pethe'n wahanol ac yn mynd ar eu gwa'th.

Mae'r lle wedi newid a minnau, fel plismon Tegla, hefyd wedi newid. Eto, gweddïaf am gael fy ngwared rhag dychwelyd ryw ddydd a darganfod nad oes neb yno yn medru fy iaith i. Mae'r iaith yn sylwedd annatodadwy sy'n perthyn i'r gwraidd ei hun a phan ysigir y naill fe nychir y llall. Dyna oedd yn fy meddwl pan ddwedais i mai Cymraeg oedd iaith pob buwch a chi a cheffyl. (Iaith estron sydd gan y tractor coch). Pe bai'r ddaear honno yn siarad, Cymraeg fyddai ei hiaith hi. Efallai fy mod i'n colli, yn colli'n gyflym. 'D yw pawb, chwedl Syr Thomas Parry-Williams, ddim yn colli 'run fath.

PWY FYDD YMA YMHEN CAN MLYNEDD?

Ifor Rees (1921-)

BU'N WEINIDOG YNG NGWYNFE. DARLLEDWR.

Mae'r emyn 'Pwy fydd yma ymhen Can Mlynedd?' yn cael ei ganu yn amal y dyddiau hyn, wrth i ni ddathlu Pedwar Canmlynedd cyfieithu'r Beibl i'r Gymraeg. A chofiaf yn dda y tro cyntaf erioed i mi glywed y penillion hynny yn cael eu cyflwyno'n gyhoeddus. Cael eu llefaru a gaent y tro hwnnw, nid eu canu—a hynny gan yr awdur ei hun—y Parchedig Llwyd Williams. Y flwyddyn 1953 oedd hi, a threfnwyd cyfarfodydd yng Ngwynfe, Sir Gaerfyrddin, i nodi canmlwyddiant codi un o gapeli'r ardal—Capel Maen. Fe ddaeth twysged o weinidogion y cylch yno i ddymuno'n dda i ni adeg y dathlu—ac yn eu plith yr oedd y Parchedig Llwyd Williams o Rydaman. A'r dull gwreiddiol a gymerodd yntau wrth gyflwyno'i gyfarchion oedd adrodd yr emyn hwn o'i eiddo, sydd bellach wedi dod yn adnabyddus led-led Cymru. A chredaf yn siwr mai ar gyfer ein dathlu ni yng Ngwynfe y cyfansoddodd Llwyd y penillion hyn.

Os felly, nid dyma'r tro cyntaf i ardal Gwynfe fod yn gychwyn i bobol a phethau a ymledodd wedyn yn eu dylanwad i feysydd llawer helaethach.

Bron ddwy ganrif yn ôl fe anwyd yn fferm Glanmeilwch, Gwynfe, ŵr y bydd ei enw'n gysylltiedig byth ag ynys bellennig Madagascar, David Griffiths oedd hwnnw—fe, gyda David Jones a Tomos Bifan oedd y cenhadon cyntaf o Gymru i lanio ym Madagascar. Fe fuon nhw wrthi wedyn yn cofnodi'r iaith lafar leol—y Fadagasgeg—a'i chymhwyso'n iaith ysgrifenedig, er mwyn cyfieithu'r Ysgrythur i'r iaith frodorol. Ac ar Ddydd Calan 1828 fe argraffwyd y darn cyntaf o'r cyfieithiad, sef Efengyl Luc. A dyma'r cofnod sydd gan David Griffiths yn ei ddyddiadur:

Fel cynllun o flaenffrwyth yr argraffwasg danfonasom y copi cyntaf i'r Brenin yn Madagascar, yr hwn a'i cymeradwyodd yn fawr, a dywedodd, 'Fe ddysg y plant yn gyflymach yn awr; ewch ymlaen â'r gwaith.'

A gwaith enfawr ydoedd hefyd, o gofio i David Jones a David Griffiths orfod gweithio'r peiriant argraffu eu hunain, gan i'r argraffydd a anfonwyd atyn nhw o Lundain farw yn fuan ar ôl iddo lanio ym Madagascar. Bu gwrhydri a dewrder anhygoel—a rhamant hefyd—yn gysylltiedig â'r fenter fawr hon. A bu'r cyffro cychwynnol iddo wrth odre'r Mynydd Du.

Adeg urddo David Griffiths i'r maes cenhadol, yn yr awyr agored ger capel Jerusalem, Gwynfe, ym mis Gorffennaf 1820, roedd un o hen gymeriadau'r ardal ym mysg y cannoedd o wrandawyr. Pegi oedd ei henw hi—gwraig dlawd yn byw mewn bwthyn bach ar lechwedd y mynydd. Trwy ofal anghyffredin roedd hi wedi llwyddo i gynilo swllt cyfan. Ei bwriad oedd gwario chwecheiniog i brynu gwlân, dwy geiniog ar brynu canhwyllau, er mwyn cael golau i nyddu, a rhoi pedair ceiniog i'r gwehydd am wneud ffedog iddi. Ond wrth wrando ar y gweinidogion yn disgrifio cyflwr gresynus tlodion Madagascar fe benderfynodd Pegi roi dwy geiniog yn y casgliad, a gohirio'r nyddu tan y gwanwyn. Eto fel y cerddai'r genadwri yn ei blaen fe argyhoeddwyd Pegi y byddai'n filwaith haws iddi hi fyw heb ffedog nag i drigolion y byd paganaidd fyw heb oleuni'r Ffydd. A phan ddaeth y casgliad fe gyfrannodd y cwbwl oedd yn ei meddiant—y swllt cyfan.

Stori nodweddiadol o foeswersi'r ganrif ddiwethaf, meddech chi. Ie—ond mae 'na dro yng nghwt stori Pegi. Fe ddaeth hi'n storm enbyd noson urddo David Griffiths, ac yn gynnar fore trannoeth dyma gymydog o ffermwr yn curo wrth ddrws bwthyn Pegi a sôn am y storm ofnadwy a fu y noson cynt. 'Clywch,' meddai, 'fe foddwyd dwy o 'nefaid i nithwr. Fe'u taflwyd nhw gan y lli ar draws perth eich gardd chi. A fe allwch chi gymryd eu gwlân nhw Pegi. Os bydd e o ddefnydd i chi.' Felly fe gafodd Pegi wlân ar gyfer ei ffedog wedi'r cwbwl.

O gyfnod David Griffiths, gadewch i ni symud ymlaen hanner canrif—i adeg codi'r Ysgol Frytanaidd gyntaf yng Ngwynfe, ac i apwyntio Beriah Evans o Nant-y-glo, Sir Fynwy yn ysgolfeistr yno. Gŵr ifanc nerfus yn wynebu ar ei swydd gyntaf. A phan gyflwynodd y gweinidog lleol ef i griw o fechgyn cryf cyhyrog gyrru'r wedd yn eistedd wrth ddesgiau'r ysgol fe gredodd Beriah mai'r Bwrdd Rheoli oedden nhw! 'Na,' ebe'r gweinidog, 'rhain yw'ch disgyblion cyntaf chi.' A chafodd Beriah gryn sioc. Ond bu'n ddyfal wrthi yn dysgu sawl cenhedlaeth o blant y bryniau. A thra bu'n ysgolfeistr wrth odre'r Mynydd Du, Beriah oedd yr arloesydd mawr yn myd y ddrama yng Nghymru. A hynny mewn cyfnod pan oedd Methodistiaid y plwyf agosaf yn Llanddeusant yn cael eu torri mas o'r Seiat pe meidden nhw fynd i wylio dramâu Beriah yn ysgoldy Gwynfe. Hefyd fe gychwynnodd Beriah gylchgrawn misol *Cyfaill yr Aelwyd*. A hwnnw oedd rhagflaenydd cylchgrawn *Cymru* O. M. Edwards. Yn wir fe honnodd Bob Owen Croesor mai cylchgrawn Beriah a baratôdd ysgrifenwyr i *Cymru* O. M. Edwards. A difyr yw'r hanes am Beriah yn nyfnder gaeaf yn nhŷ'r ysgol yn ysgrifennu ei ddramâu a golygu cylchgrawn *Cyfaill yr Aelwyd* gyda'i goesau mewn bocsys wedi eu stwffio â hen bapurau newydd, er mwyn cadw'i draed yn gynnes!

Ond tasai fe wedi cael annwyd trwm neu anhwylder wrth wneud hynny, fe allai fod wedi galw am wasanaeth meddyg ifanc disglair oedd yn gynnyrch yr ardal. Mab fferm y Bayley oedd hwnnw, gŵr a ddaeth wedyn yn feddyg i'r teulu Brenhinol, a mwy na hynny, yn brif sylfaenydd Llyfrgell Genedlaethol Cymru—Syr John Williams. Ond cymaint fu bri hwnnw ym mro ei febyd fel y byddai gohebydd lleol y *Carmarthen Journal* a phawb arall yn y cyffiniau, am flynyddoedd wedyn yn galw ardal y mynydd Du yn 'Fro Syr John.'

Pobol felly a drigai yn y cwmwd hwn gạnrif yn ôl. Pwy fydd yno ymhen can mlynedd arall? Gobeithio wir y bydd yno drigolion yn ymglywed â gwychder eu treftadaeth, ac y siaredir Cymraeg yno—cyhyd ag y bydd dŵr yn llifo yn afonydd Clydach, Toddeb a Sawdde.

CAROL
(i'w chanu gyda'r delyn)

Gwyn Erfyl (1924-)

BU'N WEINIDOG YNG NGLANAMAN. BEIRNIAD A DARLLEDWR.

Cofiwn am eni ein baban gwyn
A chanu angylion ar ddôl a bryn,
Cofiwn am Fair yn ymbil â Duw
Am nerth i gychwyn rhyferthwy Ei fyw,
A chysgai Bethlem a'i theios clyd
Heb wybod fod Iesu yn crwydro'r stryd.

Ond ysigwyd Herod gan siglo'r crud
A chwalodd Ei chwerthin ochneidiau'r byd,
Y Seren syfrdanodd holl sêr y nef
A'r bugeiliaid yn baglu i'w ddilyn Ef,
Y seren fu'n eirias yng ngweithdy'r saer
Yn galw brenhinoedd i'w breseb gwair.

Cofiwn Simeon, hen batriarch llwm,
Yn canu gorfoledd ei henaint i Hwn,
Ac Anna unig yng ngwyll ei chell
Yn gweled Gwaredwr y gobaith gwell,
Mynnwn anadlu Ei newydd hoen
A syndod Ei seren tros erwau'r boen.

Gorchfygwn hen fyd sy'n dragwyddol drist
A synnwn weld Cymru'n croesawu'r Crist.
Daeth mewn cadachau, aeth mewn drain,
Ond heno, â'n hoes dan y bicell fain,
Seiniwn ein salmau, dyblwn y gân,
Mae hedd ddi-gledd yn Ei ddwylo glân.

Y NADOLIG

Isaac Jones (1925-)

GANED YM MRYNAMAN. GWEINIDOG AC ENGLYNWR.

Oni ddylem bawb addoli—ein Duw
  Ar dôn ac mewn gweddi?
Ond i'n hoes ddihidio ni
Hwyl a'r gwin ddathla'r geni.

Y PASG

Isaac Jones (1925-)

Wedi'r trawster daw'r tristyd,—anobaith
  Ddaw heibio am ennyd,
Ond dirym her y gweryd,
A'r bedd i Waredwr byd.

SALM Y GENEDL

Jennie Eirian Davies (1926-82)

GWRAIG Y PARCH EIRIAN DAVIES. GOLYGYDD **Y FANER,**
A CHENEDLAETHOLWRAIG.

Edrych yn awr, O Arglwydd, ar Gymru; gwêl hi heddiw yn nyfnder ei gwarth.

Bu dy orchymyn yn ysgrifen ar ei chalon hi, a'th adnodau yn rhagdalau rhwng ei llygaid.

Ond heddiw nid oes nac ofn na pharch yn y tir; nid oes mwyach ôl glin ar garreg yr aelwyd.

Y tadau a adeiladodd eu Pabell i'th addoli ar fynydd Epynt, a'r plant a'i gwnaeth yn gocyn hitio i fwled ac i fom.

Lle disgynnodd y golomen fyw yn sŵn emyn ac anthem ym Methesda'r Fro, heddiw y cyfyd y golomen fetel a'i pheiriant yn rhuo o'i phig.

Daeth y traed trwstan dros hen lwybrau emynwyr Myrddin, i fathru ac i sathru'r sir; a'r giwed a gerddodd mewn esgidiau hoelion man y bu'r angylion yn diosg eu sandalau.

Y Saboth a roddaist yn syberwyd y myfyrdod santaidd, nyni a'i halogodd a'i dorri ar gylch ein holwynion.

Argyhoedda ni, O Argwlydd, o'n gwyro gwamal, fel y gwelom ffolineb ein ffyrdd, a throi drachefn at uniondeb dy lwybrau.

O Arglwydd y cenhedloedd, nac anghofia'r genedl a geraist;
Wyliwr yr holl ardaloedd, diwel dy wlith ar Walia Wen.

EMYN

T.Alwyn Williams (1926-1996)

GWEINIDOG YN LLANGADOG, GWYNFE A BETHLEHEM.

Cydblygu wnawn wrth dderbyn drwy dy ras
Y flwyddyn hon i'w phrofi yn ei blas,
Gan geisio dy arweiniad in bob awr
Rhag bod yn ôl wrth droedio llwybrau'r llawr.

Temtasiwn fawr yw dwys lygadu'n ôl
A chynnal cwest ar lawer gweithred ffôl,
Ond ni ddaw ddoe a'i gyfle'n ôl i ni
Ac ofer im bendrymu am a fu.

Os yw'r blynyddoedd maith fel doe i Ti,
Fel llythyr heb ei agor yw i ni,
Ac arni rhoist dy sêl i nodi'n llawn
Y bydd rhaid ateb am bob dim a gawn.

Ymlaen yw'r her, ac ymegino'n hy',
Cans hwnt i amser dy feirniadaeth Di
Tipiadau'r cloc fesura oriau'r dydd
Ond tragwyddoldeb llawn glorianna'n ffydd.

YMDDIDDAN Y PEN A'R GALON YNGHYLCH 'Y PETHAU BYCHEIN' (Detholiad)

Aled Rhys Wiliam (1926-)

GANWYD YN LLANDEILO. PRIFARDD, DARLITHYDD A DARLLEDWR.

Heddiw sydd rhwng 'bydd' a 'bu'
A'i gynneddf yw gwahanu
Dau derfyn bod a darfod—
Hoe rhwng doe a'r hyn sy'n dod:
Gorffennol anfeidrol fu;
Anfarwol fydd yfory.
Heddiw'n wir a ddaw un waith—
Ni ddaw'n ôl i ddyn eilwaith:
Ennyd fer ar hanner hynt
Gyriad tragwyddol gerrynt
Rhwng dyfod a darfod yw
Ei enwogrwydd unigryw,
Er caethed, byrred y bo,
Hanes a ddaw ohono.

CALAN 1960

John Fitzgerald (1927-)

BU'N ATHRO YN YR YSGOL BABYDDOL YM MHLASTY TRE-GIB, LLANDEILO.
OFFEIRIAD AC ATHRONYDD.

Gwag yw'r bydysawd, ond bod sêr
yn cyrchu drwyddo;
gwacter anfeidrol, ond bod yma a thraw
ryw heidiau sêr, yn ymbellhau o hyd
oddi wrth ei gilydd, fesul cwmwl gwych
yn treigl-droelli'n nwy ar dân drwy nos
ddiwaelod.

Nyni, ddynionach, ar ein pelen fach o fyd
o gylch un haul yn hedfan, seren lai
ar ymyl cenfaint sêr
sy'n rhuthro dros ba ddibyn i ba fôr?
Nid troi'n ein hunfan chwaith a wnawn, ond troi
tu mewn i dröell, yn dro tu mewn i dro,
a'r chwyrligwan yn chwyrlïo ymlaen,
o ble ymlaen i ble?

Gwagedd o wagedd, nid oes dim a saif;
na safbwynt heblaw'r symud: 'hir yw byth'.
Ac eto ni sy'n deall, ni
sy'n gosod rhif ar ofod, mesur ar y sêr,
a threfn ar lithro amser, heb weld dim
byd newydd dan yr haul.

(Yma, chwedl ninnau, ac yn awr,
fe ddarfu am y llynedd, pum deg naw,
ar ddechrau'r flwyddyn newydd, chwe deg dim.
Gollyngwyd i gyfancoll gof am Ŵr
a roddodd fod i'r sêr cyn cyfrif, ac a fu
yn ddechrau cyfrif yn y flwyddyn un).

YR AFON

J.Beynon Phillips (1928-)

PRIFATHRO YSGOL BRECHFA CYN IDDO YMDDEOL.

Ffrydiodd o graig fy enaid
yn lân, risialog,
a dawns foreol ei chariad
yn llonni'r dydd.

Treiglodd gerigos bywyd
o'r neilltu gyda gwên,
a chwffio clustiau anawsterau'r daith
â llaw chwareus sirioldeb.

Heddiw,
gwelaf di'n tindroi
yn sarrug yn yr hesg,
a bryntni rhyfelgarwch,
trais a thwyll
yn cronni'n drwch o laid
i fygu'r wên,
a hagru'r wyneb.

RHIF 9 a 10

Carwyn James (1929-83)

BU'N ATHRO CYMRAEG YNG NGHOLEG LLANYMDDYFRI. CHWARAEWR, HYFFORDDWR A DARLLEDWR YM MYD RYGBI.

Gadewch i ni gael edrych ar ddwy bersonoliaeth, rhif 9 a rhif 10. Rhif 9—Gareth Edwards gyda'i ysbryd nwydus yn ei fynegi ei hunan ar hyd yr amser, yn Geltaidd ym mhob peth mae e'n ei wneud. Mae tipyn o arlliw'r Rhondda yn Gareth, am wn i. Cwm cul yr arian byw; dyna'i bersonoliaeth e. Ydych chi'n ei gofio fe'n sgorio'r cais bendigedig hwnnw yn erbyn yr Alban? Dw innau'n 'i gofio fe allan yn Wellington, y bêl yn cael ei thaflu dros y lein, yn tampo ar y ddaear. Gareth yn cael gafael arni ac yn rhoi hwp llaw cystal ag unrhyw gic a roddodd merlyn Gwauncaegurwen erioed i Bob Burgess. Ac yna, yn plannu'r bêl yn gynnes yn nwylo'r rhif 10 a hwnnw'n llwybreiddio'n urddasol dan y pyst ac yn sgorio'r cais.

A dyna i chi'r bersonoliaeth arall, eto yr un mor Gymreig, ond yn wahanol. Rhif 10—Barry John, yn fwy hamddenol, yn freuddwydiol ar adegau; ar adegau'n ymddangos nad oes ganddo ddim diddordeb o gwbl yn y whare. Eto, ar yr un maes yn Wellington, yn erbyn y Prifysgolion, y bêl yn dod 'nôl; nid bwrlwm y chwarae y tro yma, ond symud hanner ucha'r corff i'r dde, yna i'r chwith, i'r dde, ac yna o dan y pyst yn gwbl dawel ac yn hamddenol fel petai dim byd wedi digwydd. Yr oedd dyn ym mhresenoldeb barddoniaeth aruchel—i mi beth bynnag.

Mae'r ddwy bersonoliaeth yma i'w gweld, hyd y gwela i, yn y Cymro, yn y bywyd Cymreig ar hyd yr amser, ac mae'n bartneriaeth hyfryd—neu fe all hi fod. Mae'r bartneriaeth rhwng Gareth a Barry wedi bod yn un aruchel, a'r ffaith eu bod nhw, fel rŷn ni i gyd yn gwybod, wedi siarad Cymraeg ar feysydd De'r Affrig, yn y gwledydd yma, ac allan yn Seland Newydd, yn profi'r peth. Gareth yn siarad hen dafodiaith y Waun, y dafodiaith rymus honno; Barry yn siarad tafodiaith rymusach Cefneithin. Ond mae'r bartneriaeth yn un fach glòs, gynnes. Nawr, meddech chi, hwyrach mai chwilio am ryw fath o gyfaddawd yr ych chi'n fan yma, pan fydd dyn yn sôn am ddod â dau beth at ei gilydd, oherwydd, hyd y gwela i, yn y Gymru sydd ohoni mae'r elfen ymfflamychol i'w gweld—elfen brotestiadol, orymdeithiol—pobl yn ymladd yn galed dros yr hyn maen nhw'n ei gredu ynddo. Mae ganddyn nhw'u delfrydau—ceisio rhyddhad i'r iaith. Mae rhai yn eu mynegi eu hunain yn y ffordd yna. Ond hefyd, dw i'n meddwl bod 'na bobl yn yr un gymdeithas sy'n breuddwydio breuddwydion. Dyma dw i'n gweld yn O. M. Edwards ac yn Syr Ifan—y bobl yma sydd wedi breuddwydio breuddwydion, wedi gweld gweledigaethau, ac wedi troi'r pethau hynny yn rhywbeth cwbl real. A dyna chi'n cael y realaeth yn y bywyd, a'r peth ymarferol hwn sy'n arddangos arweinydd, gwir arweinydd. Mae'r ddwy elfen i'w gweld.

FY NGHYNEFIN

Arwyn Evans (1929-)

ATHRO. GANWYD YNG NGHYNGHORDY.

Yn ei waun mae hen ddeunydd,—hen dennyn
    Yn ei dwyn a'i fynydd,
Hen gadwyn sy'n ei goedydd
A'm ceidw'n glwm wrth gwm y gwŷdd.

DYDDIADURWR (detholiad)

D.Morlais Jones (1916-1992)

BU'N WEINIDOG YN FFAIRFACH, LLANDEILO.

Ym 1873 dyma hi'n streic ym mhyllau glo y Deheudir, a'r glo'n brin ac yn ddrud. Yr oedd ei bris dros hanner can swllt y dunnell yn Llundain, ond 'roedd y curad yn medru ymdwymo wrth dân coed a golosg. Ond 'roedd ambell aeaf yn y ganrif ddiwethaf yn filain, canys dywed Kilvert iddo fynd i'r Betws i bregethu ar Sul gerwin ym mis bach 1870. 'Roedd plygion o ddillad amdano—dwy wasgod a dwy got-fawr, mwffler a macintosh, a phan gyrhaeddodd yr eglwys, 'roedd ei farf wedi rhewi mor galed nes methu ohono ag agor ei enau i siarad! Ac fel y digwyddodd 'roedd bedydd ganddo i'w weinyddu'r diwrnod hwnnw, a bu rhaid torri'r iâ ar y dŵr cyn cyflawni'r gorchwyl. A sôn am fedyddio, cafodd gryn syndod wrth fedyddio merch fach un waith oblegid yr enw a ddewiswyd oedd Mahalah—enw un o wragedd Cain meddai'r fam, ar awdurdod llyfr yn dwyn y teitl *Bywyd Abel.* Yr oedd ei syndod yn fwy pan ddeallodd bod merch hynaf y teulu hwn wedi'i bedyddio â'r enw Thirsa—enw un arall o wragedd Cain. Ond nid oedd y troeon rhyfedd hyn yn ddim wrth yr hyn a ddywedodd y bardd-offeiriad Thomas Barnes wrtho am a ddigwyddodd iddo ef yn ei blwyf yn swydd Dorset. Pan aeth ef ati i fedyddio plentyn gwelodd nad oedd dŵr yn y fedyddfan a gofynnodd i'r clochydd am gyrchu dŵr, ac atebodd hwnnw, "Dŵr syr? 'Doedd y person o'ch blaen chi ddim yn defnyddio dŵr—poeri ar ei law y byddai!"

Rhaid mai pobl hynod iawn oedd y plwyfolion y soniai Barnes amdanynt. O'r un ar bymtheg o wragedd a oedd yn gymunwyr ni ddeuai'r un ohonynt i gymuno heb iddo eu talu am ddod. Ac oni ddaeth dau ŵr un waith i gymuno a phan estynnwyd y cwpan i'r cyntaf yr hyn a ddwedodd oedd "Dyma iechyd da iawn i chi". Ac yr oedd ei bartner yn fwy cableddus fyth; yr hyn a ddwedodd hwnnw oedd, "Dyma iechyd da i'n Harglwydd Iesu".

* * *

Eithr er mor Gymreig yw enwau ei blwyfolion a'u cartrefi, eto prin yw'r Cymreigrwydd yn ei waith. Un flwyddyn yr oedd y gwanwyn yn oediog a'r porthiant yn brin, a dywedodd ef mai gair yr hen bobl am hynny oedd "heirloun"—hirlwm mae'n ddiau. Bu gyda'i dad ar daith yng Ngholeg Cymru. Dringodd Gader Idris a chael ei dywys ar y llethrau gan hen frawd tra diddorol. Yr oedd yn perthyn i deulu o delynorion Cymreig. Enillasai brawd iddo delyn arian mewn eisteddfod, meddai wrth Kilvert. Cyfarfu â thelynor cloff yng ngwesty'r Hand, Llangollen a bu hwnnw'n huawdl ei ddarlith ar y gwahaniaeth rhwng y delyn Gymreig a'r un Seisnig. Yr oedd yn werth teithio i Langollen bob cam i glywed y delyn Gymreig, meddai. Os melys y delyn, aflafar oedd y facbib. Pan ddwedodd un wrtho y gallai wneud gorchestion i gyfeiliant sŵn y facbib, atebodd y dyddiadurwr mai haws fyddai ganddo ef fynd i faes y gad yn sŵn hyrdigyrdi.

Hoffodd ei daith i'r gogledd a'i deithio yng Nghernyw hefyd, ond casbeth ganddo oedd y 'twrist'. "O bob anifail annymunol, y mwyaf atgas, y ffieiddiaf a'r lleiaf ei syberwyd yw'r 'twrist' Prydeinig." Beth a ddwedai ef ym mlwyddyn Croeso '69?

Pan oedd ar ymweliad â Monnington ar Ŵy gwelodd fedd Owain Glyn Dŵr, ac er cymaint o Sais oedd Kilvert y mae mwynder yn ei eiriau yn ei ddyddiadur y noson honno:
"Yma yn y fynwent fach yn swydd Henffordd, yng nghysgod yr hen eglwys lwyd y gorffwysodd y galon wyllt a gwrol, yn llonydd bellach, gerllaw hen annedd ei geraint er pan hunodd bedawr can mlynedd yn ôl."

Beth a ddwedai Kilvert yn ei ddyddiadur pe gwelsai ysbryd Glyn Dŵr yn cerdded y tir, tybed?

Y SGIDIE BACH

Dafydd Rowlands (1931-)

BU'N WEINIDOG YM MRYNAMAN. PRIFARDD AC ARCHDDERWYDD.

Dwedwch stori'r sgidie bach ....

Sgidie Llandeilo, am mai yno mae'n debyg
y'u lluniwyd
slawer dydd yn ôl.
Dwy esgid fach ddu yn magu llwch i'ch mam.

Sgidie Wncwl John, brawd Mam ...

Mae Mam yn hen,
a'r sgidie'n fach fach ...

Roedd John yn marw'n faban bach,
yn marw'n ddwyflwydd oed.

Mae'n od bod dyn sy'n ddeugain oed
yn galw plentyn dwyflwydd oed
yn Wncwl John ...

Brawd Mam oedd Wncwl John,
yn marw'n ddwyflwydd oed.

Gwisgai John sgidie Llandeilo
wrth weithio'n yr ardd gyda'i dad mawr ;
ac roedd nhadcu yn fawr—
gweithiai'n y gwaith stîl,
a chwarae yn y pac.

Gweithiai John gyda'i dad yn yr ardd.

Bu farw John yn sydyn,
a gadael ôl ei draed
ym mhridd yr ardd.

Dwyflwydd oed oedd Wncwl John yn marw yn y pridd.

Rôl claddu Wncwl John
fe âi nhadcu i weithio yn yr ardd;
roedd yno ddarn bach sgwâr o bridd
na allai balu.
Ac roedd nhadcu yn fawr—
gweithiai'n y gwaith stîl,
a chwarae yn y pac.
Ond roedd 'no ddarn bach sgwâr o bridd
na allai balu.

Bu farw John yn ddwyflwydd oed
a gadael ôl ei draed
ym mhridd yr ardd.

A dyma'r sgidie du fu'n gwasgu'r pridd—
sgidie Llandeilo,
am mai yno mae'n debyg y'u lluniwyd
slawer dydd yn ôl.

MYFYRIWR MEWN ARHOLIAD

Islwyn Jones (1931-)

GANED YM MRYNAMAN. DARLITHYDD A BEIRNIAD.

Eistedd mewn gwir ddiflastod—am oriau
  Mewn môr o anwybod;
Gwelwi wrth grafu'r gwaelod
Damio'n daer a dim yn dod!

GWAITH

T. M. Thomas (1932-)

GANWYD YM MHENYBANC, LLANDEILO. FFERMWR A BARDD.

O'r tir da'th sbort fy mebyd,
O'r tir daw 'mwyd a 'ngolud,
O'r tir a'i waith y daw yr ias
Sy'n dodi blas ar fywyd.

'Rôl tendo hir a charthu
Ble down ar bertach canu
Na whiban cwrlig yn y ca'
Yn galw'r da o'r boudy?

Ma'r ŵyn ar dop Carn Dilfa
A'r crychydd yn pysgota,
Bydd hogfan ar y gilleth wair
Cyn d'wrnod Ffair Gŵyl Barna.

'Sdim sôn am gel na gambo,
Na chlecs y fro yn llifo
Dros 'sgube cras ar getyn ffein,
Dim ond combein yn rhuo.

Ma'r Tywi hyd ei glanne
A gwynnodd cot y Banne,
Bydd heno dda rhwng peder wal
A rhastal wrth 'u trwyne.

Daw sôn am swyn y lleuad,
Daw holi am 'i tharddiad,
I fugel dyma gannw'll Iôr
Ar nosweth ô'r y gwylad.

Pan fydd y gwynt yn dene
A sŵn megino tane,
Caf gwmni difyr Fflos a'r brain
Wrth blethu drain y ffinie.

O'i lloches a'th mwyalchen
Am bip i frig y golfen,
A galwodd ni i baratoi—
Ma'r geia'n troi ei gefen.

GLAS

Bryan Martin Davies (1933-)

GANWYD YM MRYNAMAN. PRIFARDD, ATHRO YSGOL A BEIRNIAD.

Ar ambell ddiwrnod yn niwedd Mehefin, daw cymylau duon i lawr o gyfeiriad y Garreg Lwyd i wgu dros fy mrenhiniaeth ar Fynydd y Crugau. Ar ddiwrnodau fel hyn, fe allech dyngu fod Gwyllawg, ein duw, wedi digio wrth ei fam Lleuwen, ac yn ceisio ei herlid o'r tir. Daw rhyw lesni tywyll dros y Foel Deg, Pen y Clogau a'r Garreg Fraith a dyffryn afon Pedol—rhyw drymder metalig swrth i feddiannu'r tir. Fe welwch fod yr afon wedi newid ei lliw, nes bod ei dŵr yn diferu'n las ac yn dywyll dros y cerrig. Yna, o ganol y glesni bygythiol hwn, daw fflach y fellten, fel craith wen i oleuo'r byd am lai nag eiliad, ac wedyn, ffrwydriad ofnadwy o berfedd y mynydd. Yna, cyn sicred ag angau, fe ddaw y glaw; glaw ciaidd y Mynydd Du, bwledi o law yn saethu i lawr o'r glesni tywyll, nes ei fod yn brathu drwy'r blew at y croen. Ffoi am y ffau a wnawn ar ddiwrnodau felly, diwrnod fel heddiw.

Heddiw, a minnau Gardag yn gorwedd ar Graig yr Aberth, ac yn aros am y glaw, cyn codi, a brysio dros y cerrig i gysgodi yng nghlydwch y ffau, daw fy atgofion i lawio yn fy ymennydd—pit-pat, chwit-chwat, glas cras, cur pur, cryndod, rhewdod, malltod, drewdod, gwlybaniaeth caeth; atgofion mewn iaith sydd mor llaith â llyngyren yn ymgordeddu yng ngholuddion gwlybion yr ymennydd.

Diwrnod o lesni tywyll fel hwn oedd y dydd a arfaethwyd gan y duw Gwyllawg i gladdu gweddillion fy nhad Teyrnig, a brenin ein llwyth ni, gadnoid Mynydd y Crugau. Roedd marwolaeth ddisyfyd Teyrnig a Carleg dan law Dyn wedi dod mor ddisymwth â storm yn mis Mehefin.

Gadawodd y Dyn yn y crys coch gyrff fy nhad Teyrnig a Carleg i bydru ar y mynydd. Ni thrafferthodd hyd yn oed i dorri eu cynffonnau. Wedi i'r Dynion adael ein byd ni, fe aethom drannoeth, Magda fy mam a minnau, Tostag yr hen offeiriad a brawd fy nhad, Rostig y cynghorydd, Llareg a Nerog o Ben-y-Gors, ynghyd â Mendig a'r llwynogesau, Halda a Risda, heb anghofio Lacda, mam Dilrag, i'r fan lle lladdwyd y ddau, ar y llecyn ger yr esgair rhwng Craig yr Aberth a Chraig y Bedol. Carn Teyrnicleg yw enw'r llecyn hwnnw fyth ers y dydd hwnnw, ar leferydd ein llwyth ni. Onid yw'n rhyfedd sut y mae digwyddiadau yn aml yn enwi lleoedd? Sut bynnag, yno yr aethom, mewn gorymdaith. Ar y blaen, ymlwybrai Tostag, yr offeiriad, a thu ôl iddo cerddais innau, Gardag, fel yr etifedd. Wedyn, mewn rhes cerddai'r cadnoid eraill, fy mam Magda, y tu ôl i mi, llwynogod Craig yr Aberth yn ei dilyn, ac yna, llwynogod Pen-y-Gors y tu ôl iddynt hwythau.

HEN BETHEL

Bryan Martin Davies (1933-)

Bu dau ohonot erioed
ar gynfas fy nghof.

* * *

Rwyt ti'n nythu yn dy ddu a gwyn
ar gangen gnotiog y mynydd,
pioden o gapel,
plu dy lechi a'th gerrig
weithiau'n fflachio dan haul,
ac adenydd mynor y beddfeini o'th amgylch
wedi eu plygu'n dynn wrth d'ochr,
ac eto,
ar adeg o gysgod,
fel petaent barod i ledu
a'th gario'n chwim
i sglefrio ar wybrennydd gwydr y Cwm ar nos o Fai.
Ond ni symudi fodfedd
o dy nyth ar gangen y mynydd,
ac yno byddi di fyth.

* * *

Wrth fôn dy seiliau
bu esgyrn fy hynafiaid yn madru.

Rwyt ti'n fraw imi,
gyda'th waliau gwyngalchog yn syllu arnaf
ac yn fy nilyn
fel llygad gwyn yn nhalcen y mynydd.
Rwyt ti'n rhythu arnaf,
yn wynder diysgog
rhwng amrannau duon y pîn o'th gwmpas.

Yng nghannwyll y llygad,
mae'r hen wynebau'n crynhoi,
eu dig yn fy nychryn,
a'u llygaid hwythau yn fy nilyn
ac yn fy ngwylio
fel cydwybod.

* * *

Mae'r ddau ohonot yn fy hawlio.
Onid ti a gipiodd ddisgleirdeb fy mebyd
i'w gadw yng ngwyll dy nyth,
ac onid ti oedd y gorffennol a'm gwyliodd
ac a'm cadwodd drwy'r blynyddoedd
yn dy ffocws diwyro
o dalcen y mynydd?

GWEDDILLION

(Darganfyddiad ymhlith adfeilion 'Y Fannog'
yn Llyn Brianne yn sychdwr haf 1984).

Dafydd Hopcyn (1933-86)

Bu'n byw ym Mrynaman.

Gweld esgid ar lawr ysgubor,
A chwlwm y lasen ledr
Yn berffaith yn ei le.
Effaith y dyfroedd
Wedi ei welwi'n wyn gan amser;
Darn o fywyd, megis geriach
A daflwyd i fedydd y gorffennol
Cyn i'r dŵr lifeirio
Dros y creigiau a'r coed
A boddi'r cwm.

Daeth angen a sychder
Yr oes ddifater
I osod ei hesgid goncrid
Yn solet dros yr afon a'r tir.

Troedio'n ofalus rhwng y cerrig
A muriau diysgog y ffermdy unig;
Syndod ei gadernid safadwy
Yn denu'r ymwelwyr
Yn eu ceir a'u carafanau swanc,
I rodio'n hamddenol
Dros y ffordd i'r berllan
A llwybr lleidiog yr ardd.

Clywir clic eu camerâu,
Fel mil o geiliogod rhedyn
Yn trydar o'r cae-gwair
Ar brynhawn o haf.

Erys y lluniau a dynnwyd
Dan blastig eu cadwraeth.
Ond daw'r cawodydd eto
I orchuddio noethni'r gegin
A ffenestri agennog y llofft
Dan glawr ei albwm o ddŵr.

Bydd yr esgid yn dal i lechu
Yng nghornel y 'sgubor fach.
Mae'r lasen yn ddiogel,
A'i chlwm yn dynn
Yng nghadernid y graig
A llysnafedd y grug.

MEDI YN LLANYMDDYFRI

R.Gerallt Jones (1934-)

BU'N BRIFATHRO DDWYWAITH AR GOLEG LLANYMDDYFRI.
ENILLYDD Y FEDAL RYDDIAITH YN YR EISTEDDFOD GENEDLAETHOL.

Mae'n Fedi eto. Heddiw daeth cychwyn eto.
Dan sgyfflo'u traed trwy'r dail maen nhw'n cerdded eto,
yn sgwario, yn swagro'u ffordd dros y tir dail.

Mae'r rhain, yn eu blerwch a'u gwallt llwyn drain,
dwylo ar goll mewn pocedi tyllog,
yn grwn fel na fyddant eto yn y wisg hon,
yn agored fel na feiddiant fod ym myd oedolion.

Yn giang, yn grŵp, yn gwmni diogelwch,
maen nhw'n cerdded, dan sgyfflo'u traed trwy'r dail,
i fyd a all fod yn llawen, dan heulwen a all fod yn aur,
heibio i'n gofal a'n golud ni.

Gwrandewch, os medrwch chi o hyd eu clywed y tu ôl
i'ch muriau:
mae'r traed yn trampio hen lwybrau; fe gerddodd eu tadau
ym Medi fel hyn, ac maen nhw i gyd
wedi mynd, i gyd yn set yn eu siwtiau;
a chysgod hir yn ymestyn o haul hwyr eu blynyddoedd
dros eu horiau bellach. Mae'n Fedi yn y tir dail.

'NI A EWYLLYSIEM WELED YR IESU'
(Efengyl Ioan 12:21)

John Edward Williams

BU'N WEINIDOG AR SALEM, LLANDEILO. EMYNYDD.

Ewyllysiwn weled Iesu,
Ysbryd sanctaidd, dyna'n cri,
Ef, a fu yn deffro syndod
ar ei ffordd i Galfari
trwy weddnewid
byd a bywyd oll â'i air.

Arwain Di ein camre'r awron
at y byw, brofedig Un,
na fyn fod yn ddim ond enw
yng ngorffennol troellog dyn,
ond yn fythol
Arglwydd mwyach yn ein plith.

Ef a geisiwn a neb arall,
Ef, a groesodd yn ddi-ofn
bob rhyw ffin er clymu'r teulu
oll yn un frawdoliaeth ddofn.
Hyn yn unig
a rydd fywyd yn ein clai.

PWY YDWYF FI?

(Cyf. o gerdd Dietrich Bonhoeffer, 'Who am I?')

W. I. Cynwil Williams (1936-)

GWEINIDOG A ANWYD YNG NGHWRT-Y-CADNO.

Pwy ydwyf fi? Dywedant yn fynych wrthyf
Imi gamu allan o gyfyngder fy nghell
Yn ddigyffro, yn siriol, yn gadarn
Fel uchelwr o'i blasdy bach.

Pwy ydwyf fi? Dywedant yn fynych wrthyf
Imi lefaru wrth fy ngwarchodwyr
Yn rhydd, yn gyfeillgar, yn eglur,
Fel petai'r hawl yn eiddo imi.

Pwy ydwyf fi? Dywedant wrthyf hefyd
Imi gario dyddiau fy anffawd
Yn llonydd, yn llon, yn falch,
Fel un cyfarwydd â buddugoliaeth.

A ydwyf, felly, yr hyn a ddywed pobl eraill amdanaf?
Neu a ydwyf yr hyn y gwn fy hun fy mod?
Aflonydd, hiraethus a sâl, fel aderyn mewn cell,
Yn ymdrechu am anadl, fel petai dwylo'n gwasgu fy ngwddf,
Yn dyheu am liwiau, am flodau, am leisiau'r adar,
Yn sychedu am eiriau caredig, am gymdogaeth dda,
Yn cael fy nhaflu yma a thraw tra'n disgwyl pethau mawr,
Yn galw'n grynedig a di-rym am gyfeillion sydd ymhell,
Yn llwythog ac yn wag wrth weddïo, wrth feddwl, wrth wneud,
Mewn llewyg, ac yn barod i gefnu ar y cyfan oll?

Pwy ydwyf fi? Ai hwn, ai'r llall?
A ydwyf heddiw y naill berson ac yfory y llall?
Neu y ddau yr un pryd? Yn rhagrithiwr o flaen eraill,
Ond yn fy ngŵydd fy hun yn eiddil, dirmygedig, prudd?
Neu a oes rhywbeth yn para ynof fel byddin a drechwyd
Yn ffoi mewn anrhefn o'r fuddugoliaeth a gafwyd?

Pwy ydwyf fi? Maent yn fy ngwatwar, fy nghwestiynau unig i.
Pwy bynnag ydwyf, gwyddost, O Dduw, fy mod yn eiddo i Ti!

TI A DY DDONIAU

Ryan Davies (1937-1977)

GANWYD YNG NGLANAMAN. DIDDANWR A CHYFANSODDWR.

O ble gest ti'r ddawn o dorri calonne?
O ble gest ti'r ddawn o ddweud y celwydde?
Ac o ble gest ti'r wên a'r ddau lygad bach tyner?
Ac o ble gest ti'r tinc yn dy lais?
Os mai hyn oedd dy fwriad, i'm gwneud i yn ffŵl
Wel do, mi lwyddaist, mi lwyddaist yn llawn.
Ond yr hyn rwyf am wybod yn awr,
Dwed i mi, o dwed i mi, ble gest ti'r ddawn?

Rwy'n cofio fel ddoe ti yn dweud 'Cara fi'n awr,'
A minnau yn ateb fel hyn 'caraf di'n awr,'
Ond mae ddoe wedi mynd a daeth heddiw yn greulon,
Ac o ble ac o ble, ble rwyt ti?
Os mai hyn oedd dy fwriad, i'm gwneud i yn ffŵl,
Wel do, mi lwyddaist, mi lwyddaist yn llawn.
Ond yr hyn rwyf am wybod yn awr,
Dwed i mi, o dwed i mi, ble gest ti'r ddawn?
Ble gest ti'r ddawn? Ble gest ti'r ddawn?

Y CYMUN

Leonard W. Richards (1939-)

ATHRO WEDI YMDDEOL SY'N BYW YN NANTGAREDIG.

Yn barchus ddefosiynol
Crymodd ei ben,
Cyn dechrau'r cymundeb
Rhwng daear a nen.

Fe glywodd yntau'r fendith
Derbyniodd win,
A gwridodd yn euog
Heb flasu ei rin.

Wrth syllu yno ennyd
Yn ddistaw, syn,
Gwelodd rith o gysgod
Ar y lliain gwyn.

A thybiodd weld wynebau
Ffyddloniaid gynt,
Yn gwyro mewn gweddi
A ledio drwy'r gwynt.

STREIC Y GLOWYR 1984-85

Derec Llwyd Morgan (1943-)

GANWYD YNG NGHEFN-BRYN-BRAIN. PRIFATHRO COLEG PRIFYSGOL CYMRU ABERYSTWYTH. BARDD AC YSGOLHAIG.

Fe fu 'na lowyr ma's o waith cyn hyn
ger lle mae'r Chwith a'r Dde'n ffanfferu'u ffrae
syniadol a delfrydol—cannoedd gwyn
yn pego yn y Minor Hall 'r ôl cau
Brynhenllys, y Steer, East Pit, a'r Clinc:
ewythrod neu gymdogion im bob un,
o'r Gnol hyd Ystradowen, ar y blinc.

Ystyr wedi'i waedu o bob dydd Llun.

Pa beth a wnaeth y ddwy wleidyddiaeth dda
a roes i mi fy Lladin, drostyn nhw?
Egwyddorasant uwch eu pen fel pla,
a throesant eu brogarwch yn dabŵ.

Dros ddengmlwydd-goch-ar-hugain-las, y cwm
a gleisiwyd nes ei fod yn ddiffrwyth llwm.

O BEN Y MYNYDD DU

Derec Llwyd Morgan

Draw dan Dro'r Gwcw mae'r Duwdod yn drefnus,
Ei bennod porfeydd dan ofal y perthi
Yn magu gwyrdd rhagor adnod ac adnod ar gae.
Mwynhau maldod cael ffiniau am unwaith y mae.

Tu hwnt, mae'i efengyl ym mrasdir y siroedd
Yn gwasgu ei digon dan glawr y gorwel.
Tir Dewi a Thybie a Theilo yw hwn,
Ddeheubarth aeddfed eu cymoni crwn.

Ond y mae'r crwt ynof am neidio ar y mynyddoedd,
Llamu ar y bryniau i Aman yn rhydd
I dolach llywethau f'anwylyd â'm henaid
A'i boddio â'm dod, fi iwrch neu lwdn hydd.

PAM FOD EIRA YN WYN?

Dafydd Iwan (1943-)

GANWYD YM MRYNAMAN. CYFANSODDWR,
CANWR A CHENEDLAETHOLWR.

Pan fydd haul ar y mynydd,
Pan fydd gwynt ar y môr,
Pan fydd blodau ar y perthi,
A'r goedwig yn gôr.
Pan fydd dagrau f'anwylyd
Fel gwlith ar y gwawn,
Rwy'n gwybod, bryd hynny,
Mai hyn sydd yn iawn.

Cytgan: Rwy'n gwybod beth yw rhyddid,
Rwy'n gwybod beth yw'r gwir,
Rwy'n gwybod beth yw cariad
At bobol ac at dir;
Felly peidiwch â gofyn eich cwestiynau dwl,
Peidiwch edrych arna'i mor syn,
Dim ond ffŵl sydd yn gofyn
Pam fod eira yn wyn.

Pan fydd geiriau fy nghyfeillion
Yn felys fel y gwin,
A'r seiniau mwyn, cynefin,
Yn dawnsio ar eu min,
Pan fydd nodau hen alaw
Yn lleddfu fy nghlyw,
Rwy'n gwybod beth yw perthyn
Ac rwy'n gwybod beth yw byw!

Pan welaf graith y glöwr,

A'r gwaed ar y garreg las,
Pan welaf lle bu'r tyddynnwr
Yn cribo gwair i'w das.
Pan welaf bren y gorthrwm
Am wddf y bachgen tlawd,
Rwy'n gwybod bod rhaid i minnau
Sefyll dros fy mrawd.

NADOLIG 1986

Roy Stephens (1945-1989)

GANWYD YM MRYNAMAN.
ATHRO BARDDOL AC AWDUR **YR ODLIADUR.**

Rhown i'r plant eu presantau—a mynnwn
Ymuno'n eu campau:
Gwefr awr yw pob anrheg frau,
Ennyd yw'n hanrheg ninnau.

COCH

John Talfryn Jones (1948-)

GWEINIDOG EBENEZER, RHYDAMAN.

Yr haen sy'n gwasgar heno—i gyrion
Y gorwel digyffro
Ydyw hud y machludo,
A'i araf rawd liwia'r fro.

RHOSOD

Einir Jones (1950-)

ATHRAWES YN RHYDAMAN. PRIFARDD CENEDLAETHOL.

Hen, hen goed yn blodeuo
a'u persawr dwfn
o'r meddalwch melys
yn fy mygu.

Anadliadau prydferthwch
anweladwy
o ffroenau'r pren.
Codi a disgyn
yn araf a chyson
mae mynwes yr ardd
y flwyddyn hon eto.

Dan y ffriliau goleubinc
sy'n treiglo'n betalau o freuder
ysgafn
a gloywder hufen yn groen am oleuni
mae curiad arogl y perffeithrwydd
byrhoedlog
yn bod am ennyd o haf
uwch cripiadau drain.

WNAIFF Y GWRAGEDD AROS AR ÔL?

Menna Elfyn (1951-)

GANWYD YNG NGLANAMAN. BARDD.

Oedfa:
corlannau ohonom
yn wynebu rhes o flaenoriaid
moel, meddylgar;
meddai gŵr o'i bulpud,
"diolch i'r gwragedd fu'n gweini,"
ie, gweini ger y bedd
wylo, wrth y groes,

"ac a wnaiff y gwragedd aros ar ôl?"

Ar ôl,
ar ôl y buom,
yn dal i aros,
a gweini,
a gwenu, a bod yn fud,
boed hi'n ddwy fil o flynyddoedd,
neu boed hi'n ddoe.

Ond pan wedir un waith eto
o'r sedd sy'n rhy fawr i ferched
wnaiff y merched aros ar ôl
beth am weud gyda'n gilydd,
ei lafarganu'n salm newydd
neu ei adrodd fel y pwnc:

"gwrandewch chi, feistri bach,
tase Crist yn dod nôl heddi

byse fe'n bendant yn gwneud ei de ei hun."

LLYGAID
(Yng ngenau Brian Keenan)

Eluned Rees (1951-)

Athrawes yn byw yn Rhydaman.

Yng nghorneli fy nghaethiwed,
maent yno bob munud o bob awr
o'r dyddiau di-drugaredd.
Gwyliant fy nghysgu,
fy mreuddwydio hunllefus,
fy nghrïo unig
ar fatras llaith.
Edrychant ar wacáu cyhoeddus
fy mherfeddion poenus
i fag plastig annigonol.
Sylwant ar bob symudiad,
bob ochenaid, bob gwingiad.
Syllant ar oriau diddiwedd
fy niflastod uffernol.
Maent yno, bob eiliad
o bob awr o bob dydd
yng nghorneli fy ngharchar.

ER COF AM NOEL JOHN

Eleri Davies (1952-)

GANWYD YN LLANDEILO. CADEIRYDD PWYLLGOR LLÊN EISTEDDFOD GENEDLAETHOL BRO DINEFWR.

Mae y gŵr bu yma â'i gân
A'i oludog wên lydan?
Rhoddi yn llon o'i ddoniau
A wnai hwn, meithrin a hau
Nodau'r gerdd hyd erwau gwâr
Yn deg emau di-gymar.

Lleisiau plant ym mhob cantref—
Annwylwaith i'w afiaith ef,
A llon delyn Llandeilo
Â'i bri ymhell dros ffin bro.
Gofid sy' 'Nghymru gyfan:
Mae y gŵr bu yma â'i gân?

YMGAIS I WEITHREDU
(Detholiad o PROFIADAU LLENCYNDOD)

Siôn Eirian (1954-)

GANWYD YM MRYNAMAN. PRIFARDD A DRAMODYDD.

adar y ddrycin
yn hofran uwch briwgig ceginau cyfalaf,
fwlturiaid ysblennydd
yn pigo carcasau cydwybod claf,
yn lledu adenydd
ym marwor y chwedegau blin
cyn dod i nythu'n haid ym mrigau f'ymennydd.

Tariq Ali, Rudi Dutchke, Cohn-Bendit:
fy nghwsg yn atseinio gan sŵn yr orymdaith.
Mai chwe-deg-wyth:
dydd deffro cenhedlaeth.

Aman bach
a welodd Wyn ap Nudd ar lethrau'r Mynydd Du,
yn magu cwils
a chrawcian sloganau ei egin eithafiaeth;
Che Guevara'r chweched isa,
a'r byd pwdwr yn brae dan ei grafanc blwydd.

y byd du a gwyn
o ystrydebau hawdd blynyddoedd y blodau,
lle brwydrai'r byddinoedd denim
i adeiladu paradwys amryliw
gyda'u cariad rhad a'u cyffuriau drud...

chwifio baneri yn y glaw
a gwylio'r paent yn rhedeg ar ein placardiau;
gweld fflam yn diffodd
a'r lludw'n chwalu'n ddim
dros goncrit y palmentydd.

fy awyren bapur
â'i hadenydd coch a du,
yn llatai di-gyfeiriad
a hedfanodd ar ymchwydd y gwynt
cyn plymio'n ôl a glanio'n blet o'm blaen.

NOSGAN: CYSGU AR Y PAITH YN NHRANSYLFANIA

Lyn Davies (1955-)

GANWYD YM MHENTREGWENLAIS GER LLANDYBIE.
CERDDOR A BEIRNIAD.

Ar y paith pell,
clywais felodi fawr y gweryd
ym mhersawr tesog y tir.
Clustog o bridd sinamon
a charthen o sêr
yn hongian ar ganghennau'r nen.
Yng ngwrthbwynt byw y tirlun tywyll,
seiniau swta fel dotiau Seurat
ar gynfas y glust:
clapgi o froga'n crawcian gyda'r awel,
locustiaid yn hofran cainc,
trydar cricedyn unig
a chleren feddw'n paffio'r gwyll.
Morgrug fil,
a'u cleber yn trydaneiddio'r tir.

Lleisiau'r llawr yn lluwchio'r nos,
yn dawnsio mewn dwst serennog hyglyw
yng ngwres y gwynt.
Anadl y nos
yn lleisio cân y ddaear
cyn i'r haul tadol suo'r sêr
i lonyddwch eu bore,
i'r tawelwch sy'n siglo'r byd.

TWRW TANLLYD

Guto Eirian (1958-)

GANWYD YM MRYNAMAN

Oriau'r hwyr ar lawr y Ranc
Daw afiaeth i do ifanc,
O dannau main trydanol
Daw sioc seiniau roc a rôl.
Af acw i weld y FICER
Neu haid PAL a'u nodau pêr,
ERYR WEN ar ben eu byd
Yn hofran, a sain hyfryd
"Geiriau" hud AIL SYMUDIAD
Neu CRYS gyda'u gwŷs i gâd.
Egwyl o hwyl OMEGA
Neu arian dinc yr ENW DA;
ROCYN a'r RACARACWYR,
Plês yw pawb â'u pylsio pur.
Daw JARMAN a'i gân a'i gerdd
I wingo yn ei angerdd.
Ein hangor yw'n cerddoriaeth,
Enaid cudd ieuenctid caeth.

CAETHIWED

W. Dyfrig Davies (1963-)

BYW YN LLANDEILO. CYFARWYDDWR/CYNHYRCHYDD TELEDU A BEIRNIAD.

Er bod mwy nag un filltir
yn rhannu'n
bydoedd ni,
a nifer o eiriau gwahanol
nad ydynt i'r glust
ond sŵn,
a thraddodiadau sy'n tarddu o oesau
o fyw
ar ddarn o dir,
Eto,
mae clywed discord cadwyni
wrthi'n cochi
dy groen du
yn ddigon ...
Yn ddigon i ddweud,
heb eiriau
mai brodyr ydym ni.
Mae crafu'r allwedd yng nghlo y drws
ac ochain rhydlyd ei gau,
yn agor clwy'
yng nghydwybod
y brodyr nad ydynt yn gweld
y byddant hwythau
yn gaeth
rhyw ddiwrnod
i'w bai.

YN NYDDIAU'R PLA

Casi M. Jones (1964-)

GWEINIDOG YN NYFFRYN COTHI.

Daeth y pla sbel cyn y trydydd rhyfel;
Eisteddem yn ddistaw
I ddidoli dynoliaeth
O domen sbwriel
Dau ryfel blaenorol.
Cofiem heb emosiwn,
Yn nyddiau di-waith diffaith y pla difaol
A dagai pob creadigrwydd,
Y freuddwyd wych fu'n gwefreiddio ddoe.

Do, fe'n tynghedwyd i freuddwydio heddwch,
I'w hau fel geiriau i'r gwynt,
I'w gynnal â chred nid gweithredoedd,
I'w garu heb fynnu ei fod
Mynnu â'n holl ynni,
Â'n holl enaid ....

Daeth y pla sbel cyn y trydydd rhyfel
Eisteddem yn ddistaw, a'r oriau'n tyfu'n ddydd.
Ni welsom golomen wen yn codi o'r domen ddu
Na chlywed ei chân wrth ffoi
'Pe bai gennych ffydd ....'

Y GUSAN

Meleri Wyn James (1970-)

Ganed yn Llandeilo. Newyddiadurwraig ac enillydd Medal Lenyddiaeth yn Eisteddfod Genedlaethol yr Urdd.

'Dydwy' ddim yn hoffi'r gair 'sws.' Cusan fydda' i'n ei ddefnyddio bob tro. Am ryw reswm amhenodol mae'r naill yn portreadu profiad annifyr gwlyptra oer cusan Mam-gu pan ar ymweliad. Ych â fi! Peth hollol wahanol yw cusan. Profiad greddfol na ellir dileu ei effaith. Cael lled-orwedd ym mreichiau crwt ifanc a mwynhau pwysau hudol ei wefusau poeth, ieir bach yr haf yn y bol—tipyn o gic—'the rêl thing.'

Mae'n rhyfedd meddwl nad dysgu sut mae cusanu mae dyn. Yr unig addysg a gynigir iddo yw'r hyn a geir ar y sgrin fach, ac nid wedi ei grafu'n araf ofalus ar ffurf diagram ar y bwrdd du. Rwy'n cofio gwylio'r sêr yn y ffilmiau du a gwyn ar brynhawn Sadwrn yn sefyll yn stond ynghlwm ym mreichiau'i gilydd a'u cegau yn agor a chau fel pysgod aur mewn dysgl. Poeni Mam wedyn mai ffugio oeddynt ac nad hynny oedd cusan.

'Mae pawb yn cofio'i gusan gyntaf', chwedl Gwenda fy ffrind. Ac fel tyst i hyn mae'n cyfeirio at y cylchgronnau pop Saesneg sydd bob amser yn gofyn i'r sêr mwyaf poblogaidd i rannu eu cyfrinachau. A phob un wedyn yn cystadlu am y gorau i fod yr ieuengaf. Ond efallai fod Gwenda'n iawn. Wedi'r cwbl rwy' yn cofio fy ngusan gyntaf. Nid oherwydd ei fod fel nectar yn anialwch fy niffyg profiad chwaith! Ond am ei bod wedi aros gennyf fel enghraifft o anaeddfedrwydd fy arddegau cynnar. Mewn geiriau mwy plaen, fy anallu i ddweud 'na.'

Ymweld â ffrindiau teuluol am y dydd yr oeddwn. Ac fel arfer fe'm gadawyd yng nghwmni'r mab. Roedd disgwyl i ni'n dau, nad oeddem ond braidd adnabod ein gilydd, ein diddori'n hunain. Nid oedd e am chwarae gêmau arferol fel cardiau neu guddio am mai gêmau i blant oedd y rheini. Roedd yn dipyn o giamster â'r merched ac yn llawer mwy profiadol na minnau. Roedd wedi cysgu gyda merch meddai ef—yn y Gwersyll yn Llangrannog.

Petawn i wedi gwrthod byddwn wedi gorfod cyfaddef fy niffyg profiad. Ond beth oeddwn i'w wneud? A oedd eisiau symud fy ngheg? Fy mhen? A beth oeddwn i'w wneud â'm dwylo? Cymerais anadl ddofn. Roedd rhaid llenwi'r ysgyfaint ag ocsigen. Onid oedd cusanu ac anadlu 'run pryd yn amhosib? Nid oedd angen i mi boeni. Erbyn i mi agor fy llygaid unwaith, jest i wneud yn siwr ei fod e'n ei fwynhau ei hun, a chymryd cip cyflym ar fy oriawr i weld pa mor hir y parhaodd y gusan, roedd yr holl beth ar ben. Pedwar deg tri eiliad. Cusan go iawn. Ac wedyn y siom. Ble'r oedd y cyffro fel y'i gwelir ar y ffilmiau ....?

PWT O ATHRONIAETH

Tudur Hallam (1975-)

Ganed yn Rhydaman. Myfyriwr ac enillydd Medal Lenyddiaeth yn Eisteddfod Genedlaethol yr Urdd.

Uchaf brig llwyddiant
trymaf cwymp methiant.

Chwarae pŵl,
ac nid ffŵl
difeddwl
a charbwl
lwybrodd i'm herbyn.

Na, nid ffŵl,
ond llanc cŵl
â'i feddwl
yn fanwl
lwybrodd i'm herbyn.

Cawr:
fe'i curais.

Wiii! Ia hŵ!

Chwarae pŵl,
ac am ffŵl
difeddwl
a charbwl
lwybrodd i'm herbyn.

Gwreigan bŵl,
gyda'i phŵl
a'i meddwl

yn feddw
lwybrodd i'm herbyn.

Corres:
fe'm curodd.

Bwmff! Aw!

GRUDDIAU'R BABAN IESU

Tudur Hallam (1975-)

Yn eu lliw mae lliw holl oes:—rhudd y gwin,
Rhudd y gwaed, rhudd einioes;
Yn eu gwrid mae gwrid y groes
Yn ysu yno eisoes.

DYMA SY'N FY NGWYLLTIO

Alice Davies (1977-)

Myfyrwraig o Lanfynydd. Enillydd Medal Lenyddiaeth y Dysgwyr yn Eisteddfod Genedlaethol yr Urdd.

Mae llawer o bethau yn fy ngwylltio i.

I ddechrau, yr ystafell ymolchi. Mae tri pheth yn yr ystafell ymolchi sy'n fy ngwylltio i. Un, mae fy nhad yn defnyddio fy mrws gwallt. Dydw i ddim yn gwybod pam ond mae yn gwneud hyn o hyd. Rydw i wedi prynu brws iddo fe, ond mae e'n defnyddio fy mrws i ac mae'n gadael ei wallt yn fy mrws i ac mae rhaid i fi ei olchi e. Hefyd mae e'n defnyddio fy ngwlanen i, un o'r 'Body Shop' ges i adeg y Nadolig. Rydw i'n defnyddio fy ngwlanen i olchi fy wyneb gyda dŵr oer ond mae e'n defnyddio fy ngwlanen i olchi dan ei gesail ac mae e'n defnyddio dŵr poeth. Rydw i'n dod i mewn i'r ystafell ymolchi i ddefnyddio fy ngwlanen ac mae e wedi'i gadael hi'n boeth gyda sebon arni hi. Prynais i un o'r 'Body Shop', un borffor gyda mwnci arni iddo fe, ond na, mae'n rhaid iddo fe ddefnyddio fy un i. A'r trydydd peth yn yr ystafell ymolchi sy'n fy ngwylltio yw rhywbeth mae fy mam yn wneud. Dydy hi ddim yn rhoi y caead yn ôl ar boteli, bob tro rydw i'n mynd i mewn i'r ystafell ymolchi ar ei hôl hi mae rhyw botel heb gaead.

Mae pethau eraill hefyd fel pan rydw i'n dod nôl o'r ysgol mae fy nhad yn gofyn i mi, "Beth wnest ti yn yr ysgol heddiw?" Rydw i'n ateb, a phum munud wedi ateb y cwestiwn mae fy mam yn gofyn, "Beth wnest ti yn yr ysgol heddiw?" Rydw i'n ateb unwaith eto ond ddwy awr wedi i fi ateb yr ail dro, mae hi'n gofyn unwaith eto.

Dydw i ddim wedi gorffen eto, o na, mae llawer o bethau eraill. Pethau yn fy ngwaith i, rydw i'n gweithio yng Ngelli Aur mewn caffi bach ac mae y bobl yno yn mynd ar fy nerfau. Maen nhw'n gofyn cwestiynau dydw i ddim yn gallu ateb, mae nhw'n dweud pethau am bris y bwyd fel pe bai fi yw'r perchen ond mae nhw'n gallu gweld fy mod i'n rhy ifanc i hynny.

Y peth sy'n fy ngwylltio fwyaf o bopeth yw y ffordd mae oedolion, yn arbennig hen bobl, yn trin pobl ifanc. Dydy pobl yr un oedran â fi ddim yn gallu cerdded i mewn i siop heb gael rhwy berson o'r siop yn cerdded dau neu dri cam y tu ôl yn gwylio beth rydyn ni'n wneud. Es i a fy ffrind i mewn i siop i brynu addurniadau Nadolig i'n parti Nadolig ni. Rhoddodd hi un addurn i fi i brynu, un addurn eitha mawr. Doeddech chi ddim yn gallu'i guddio fe ond roedd e'n eitha rhad, dim ond tri deg pump ceiniog. Prynais i e, a cherddom ni mas o'r siop. Roedden ni ddau gam o ddrws y siop pan ddaeth menyw allan o'r siop i ofyn i fy ffrind oedd hi wedi cerdded mas o'r siop gyda rhywbeth heb dalu amdano fe. Wel, wrth gwrs, roedd hi wedi rhoi yr addurn i fi i dalu amdano fe. Eglurodd fy ffrind hyn a dwedodd y fenyw, "O!" a cherddodd hi nôl i'r siop heb ddweud bod yn flin ganddi na'i bod wedi gwneud camgymeriad.

Mae llawer o hen bobl, yn fy marn i, yn gwylio gormod o deledu, ac mae nhw'n credu popeth mae nhw'n weld. Mae nhw'n meddwl bod pobl ifanc heddiw fel y pobl ifanc ar y teledu. Rydw i a llawer o bobl ifanc yn hapus i roi ein sedd i hen bobl neu agor drws iddyn nhw. Dydy hen bobl ddim yn gwybod hyn neu dydyn nhw ddim eisiau credu, achos os rydych chi'n eu gweld nhw ar y stryd maen nhw'n gwthio chi mas o'r ffordd gyda eu peneliniau neu ymbarelau, yn arbennig yr hen fenywod. Hoffwn i ddim byw gyda un achos byddwn i'n gleisiau i gyd mewn dim o amser.

Dyma un enghraifft o beth rydw i'n sôn amdano. Roeddwn i a dwy ffrind yn Llanfair-ym-muallt. Roedd bws yn teithio o'r lle roedd y ceir yn parcio i faes Sioe Frenhinol Cymru. Chwifiais i at y bws nes iddo stopio ac yn union fel roeddwn i'n mynd i ddringo'r grisiau i mewn i'r bws daeth hen fenyw a gwthiodd hi fi allan o'r ffordd ar ôl dweud taw nhw oedd gyntaf—ond fi oedd wedi stopio y bws.

Dywedais i, yn gellweirus, 'Oh! well, excuse my broken arm!' achos roedden nhw wedi ngwthio fi allan o'r ffordd. Ar y bws doedd dim llawer o le ac roedd rhaid i ni sefyll ar bwys ble roedd yr hen fenyw a'i ffrind yn eistedd. Doedden nhw ddim wedi deall taw tynnu eu coesau nhw roeddwn i pan ddywedais i am dorri fy mraich ac roedden nhw'n dweud fy mod i'n dweud celwydd. Roeddwn i'n chwerthin a dywedodd un o'r hen fenywod wrth y fenyw ar ei phwys hi. 'Edrych arnyn nhw, maen nhw'n chwerthin.' A dywedodd un hen fenyw wrtha i: 'Just because I'm not in uniform doesn't mean I'm not in service.' Doeddwn i ddim yn gwybod beth roedd hi'n siarad amdano, a dydw i ddim yn gwybod hyd heddiw. Y peth sy'n fy ngwylltio yw, roeddwn i'n fodlon i roi fy sedd iddyn nhw os byddai eisiau sedd arnyn nhw, ond roedd rhaid iddyn nhw fy ngwthio fi allan o'r ffordd, ac mae hen bobl yn dweud nad yw pobl ifanc heddiw yn foesgar!

Wrth gwrs, mae pethau mawr yn fy ngwylltio i hefyd fel yr amgylchfyd, camdrin plant, fandaliaeth, ac yn y blaen, ond y pethau bach sy'n sefyll yn y meddwl. Efallai mai hyn ydy problem ein cymdeithas ni, y pethau bach ar ein meddwl yn lle y pethau mawr, a dyna pam dydyn ni ddim yn ymladd dros newid y pethau mawr.

NODDWYR Y GYFROL

William AARON, Llandwrog, Caernarfon
Harry a Sally ARTHUR, 16 Llwyn-y-bryn, Rhydaman

Eifion a Beti-Wyn BOWEN, 19 Heol Tomos, Llandeilo
Alun Wyn a Jill BEVAN, 50 Ffrwd Vale, Castell Nedd
Len ac Anneira BEVAN, 120 Heol Cwmgarw, Brynaman

Cefin CAMPBELL, Tŷ'r Gât, Gelli Aur
J. Mansel CHARLES, Sarn Gelli, Llanegwad

Mared Elin DAFYDD, Bryn Ifor, Llandeilo
Myrddin ap DAFYDD, Gwasg Carreg Gwalch, Llanrwst
Goronwy DANIEL, Heol Sant Mihangel, Caerdydd
Dafydd DAVIES, Tŷ'r Ysgol, Rhandirmwyn
Denzil ac Eiryl DAVIES, 16 Stryd yr Undeb, Rhydaman
Dyfrig a Nia Clwyd DAVIES, Bryn Ifor, Llandeilo
Mrs. Eleri DAVIES, Cothi Vale, Crugybar
Eleri DAVIES, Cil-y-waun, Salem
Elizabeth Grace DAVIES, 10 Fullands Avenue, Taunton
Enid a Hywel DAVIES, 35 Heol Pentwyn, Betws, Rhydaman
Emrys L. DAVIES, 66 Pengors Road, Llangyfelach
Glynog DAVIES, 47 Stryd y Neuadd, Brynaman
Ieuan DAVIES, 11 Heol Caerfyrddin, Llandeilo
J. Eirian DAVIES, 1 Tirysgawen, Llangynnwr
John B. R. DAVIES, 35 Heol Rhydaman, Llandybie
Joy DAVIES, 1 Waunfawr, Penybanc, Rhydaman
Mrs. Judith DAVIES, Pant-y-ffynnon, Banc y ffordd
Keith DAVIES, Pengwern, Llangefni, Ynys Môn
Lyn DAVIES, Elinor Jones, a Heledd Cynwal, Talar Wen, Bethlehem
Megan ac Alun Creunant DAVIES, 3 Maes Lowri, Aberystwyth
Mrs Morwen DAVIES, 189 Heol Cwmgarw, Brynaman
Noel a Marion DAVIES, Glansawdde, Llangadog
Rhiannon DAVIES, Llys Helyg, Penparc, Aberteifi

Bethan a Betty EDWARDS, 30 Heol Diana, Llandeilo
Hywel Teifi EDWARDS, Esger Deg, Llangennech
Arwyn a Shân EVANS, 10 Heol Newydd, Llandeilo
Euros Jones EVANS, Y Cilgwyn, Heol Newydd, Cwmllynfell

Gwynfor EVANS, Talar Wen, Llanybydder
Llinos EVANS, 6 Lôn-y-Llan, Llandeilo
Marwin Jones EVANS, Llety Ifan, Tregaron
M. Trefor W. EVANS, 86 Heol y Brenin, Llandybie
R. Alun EVANS, Nant yr Eira, Tregarth, Bangor

Yvonne FRANCIS, 37 Lime Grove Avenue, Caerfyrddin

GŴYL DINEFWR
Canon John GRAVELL, Y Ficerdy, Llandybie
Dewi Llion GRIFFITHS, Tros y Garreg, Y Bala
Meinir Lloyd GRIFFITHS, Pontarlyb, Llanfynydd
Parch Ioan W. GRUFFYDD, 31 Heol Bernard, Abertawe

Peter ac Eryl HARRIES, Crud-yr-awel, Salem
Sarah HOPKIN, 14 Heol Newydd, Brynaman
Annette a Dewi M. HUGHES, Rhydaman
D. G. Lloyd HUGHES, New Inn, Pencader
Meri HUWS, Canton, Caerdydd

Norah ISAAC, 12 Heol Pentremeurig, Caerfyrddin
Dafydd ISLWYN, Teifi, Heol Llancayo, Bargoed

Gwenfudd JAMES, Brynawel, Caio
Llŷr JAMES, Cyfrifydd Siartredig, Heol y Cei, Caerfyrddin
Mrs. Mair JAMES, Coedparc, Heol Newydd, Llanymddyfri
Royston a Mari JAMES, Pontarddulais
John JAPHETH, Trefor, Llyn
Dr. Kathryn JENKINS, Hengoed, Llangybi
M. M. JOHN, 11 Heol Diana, Llandeilo
Dr. Betty Valmai E. JONES, 23 Stryd Margaret, Rhydaman
Bobi JONES, Ffordd Llanbadarn, Aberystwyth
Mrs. Buddug JONES, Clun Mawr, Myddfai
Dr. Christine JONES, Panteg Villa, Rhosmaen, Llandeilo
Mrs. C. Meinir JONES, 35 Dôl y Dderwen, Llangain
C. P. JONES, Abulafia Gallery, Llandeilo
Dewi a Magdalen JONES, Stangau, Benllech, Ynys Môn
Eleri JONES, Dinefwr, Pentyrch
Eluned JONES, Preseli, Derwen Fawr, Caerfyrddin
Elwyn JONES, 6 Heol Caerfyrddin, Llandeilo

Mrs. Gwenda JONES, 14 Heol Cilgant, Llandeilo
Gwerful Pierce JONES, Cyngor Llyfrau Cymru, Aberystwyth
Harriet Lynfa JONES, Cennen, Castell Rhingyll
Huw Ceiriog a Diana JONES, Y Wern, Bow Street
Ieuan JONES, 52 Heol Newydd, Llandeilo
Islwyn JONES, Gwenfo, Caerdydd
Jean a Huw JONES, Dolawenydd, Betws, Rhydaman
J. Towyn JONES, Caerfyrddin
Miss Meiriona JONES, 187 Heol Cwmgarw, Brynaman
Nia JONES, Bronhuan, Pumsaint
Mrs. Rhiannon JONES, Maes-yr-awel, Llanarthne
Rhun JONES, Bronhuan, Pumsaint
Stephanie a Brinley JONES, Drovers Farm, Porthyrhyd
Tegwyn JONES, Maes Ceiro, Bow Street
Tudur Dylan ac Enid JONES, Maes-y-Felin, Pencader
Parch Derwyn Morris JONES, Fforest-fach, Abertawe
Mererid a Gareth Vaughan JONES, Tyddyn Isaf, Llandeilo
Tom Rhys a Margaret JONES, 15 Heol Llandeilo, Brynaman

Yr Athro Ceri W. LEWIS, Cartrefle, Heol Glyncoli, Treorci
David LEWIS, Offeryniaeth Celtaidd, Cross Hands
Mrs. Gwyneth LLEWELYN, 27 Heol Caerfyrddin, Llandeilo
Llyfrgell Coleg y Drindod, Caerfyrddin
Llyfrgell Genedlaethol Cymru, Aberystwyth
Llyfrgell Gyhoeddus Caerfyrddin

Dilwyn a Jennie MAINWARING, 35 Llwyn-y-bryn, Rhydaman
Tom a Janet MAINWARING, Aberlash, Rhydaman
Elin MEEK, Tŷ Coch, Abertawe
Derec Llwyd MORGAN, Plas Penglais, Aberystwyth
Richard H. MORGAN. 9 Stryd y Farchnad, Aberystwyth
Mel a Janet MORGANS, Bro Huan, Brynaman

James NICHOLAS, Plas Maes-y-groes, Bangor

Dafydd ORWIG, Braichmelyn, Bethesda
Parch D. H. OWEN. Llandâf, Caerdydd
Denley a Lon OWEN, Maesydre, Llanymddyfri
Ifor OWEN, Gwyndy, Llanuwchllyn

Mr. a Mrs. Stuart PARRY, Saron
Mr. Ron PERKINS, 10 Parc Teglan, Tycroes
Mrs. Elonwy PHILLIPS, Heol y Gogledd, Hendygwyn-ar-Daf
Rhian PHILLIPS, 25 Heol Alan, Llandeilo
Ei Anrhydedd y Barnwr Watkin POWELL, Cricieth
Mrs. Catherine Anne PREECE, 18 Golwg y Coleg, Llanymddyfri
Gwenlais PRICE, Heol Newydd, Llanymddyfri
Mrs. Gwyneth PRICE, Llwynrhicet, Myddfai
Cynghorydd L. M. a W. R. PRICE, Glascoed, Llanymyddfri
Brychan a Mair PRYTHERCH, Overdale, Manordeilo

Dorian a Nest REES, 1 Clos Caeglas, Ffairfach, Llandeilo
Ffion Meleri REES, Yr Hafan, Penrhiwgoch, Sir Gaerfyrddin
Leslie REES, 5 Bro Hyfryd, Peniel
Nia RHOSIER, Tŷ hen gapel John Hughes, Pontrobert
Richard REES ac Elin RHYS, Yr Hafan, Penrhiwgoch, Sir Gaerfyrddin
Ei Anrhydedd Hywel ap ROBERT, Penarth
Alma ROBERTS, Rhiw'r dorth, Llandeilo
Bob ac Anne ROBERTS, Neuadd y Meusydd, Llandeilo
Mary E. ROBERTS, 23 Heol Diana, Llandeilo
Wilbur Lloyd ROBERTS, Rhiw'r dorth, Llandeilo
Chris a Mandy ROGERS, Abernant, Ffair-fach, Llandeilo
Ann ROSSER, Glynderi, Caerfyrddin

David SEXTON, 33 Heol Bronwydd, Caerfyrddin
Manon Wyn ac Aled SIÔN, Glanllyn Isa', Llanuwchllyn
Harry SIVELL, Bonton, Llanllwni
Mavis SPRY, Y Dalar Deg, Brynaman
Eirwyn a Mary STEPHENS, Dôl Hywel, Llanymddyfri

Eirwen E. THOMAS, Penygraig, Llanedi
Parch a Mrs. D. J. THOMAS, Pant y Crug, Beulah
Elizabeth Marie THOMAS, Pontyberem, Llanelli
Elfryn a Bethan THOMAS, Lleifior, Tŷ-croes, Rhydaman
Mair THOMAS, 28A Heol Llandeilo, Brynaman
Parchedig Ddoctor Patrick THOMAS, Y Rheithordy, Brechfa
Philip THOMAS, 1 Lifeboat Road, Porthcawl
T. M. THOMAS, Tirallen, Llanwrda
Dewi THOMAS, Nantydderwen, Rhydaman
Teulu Cymmer House, 104 Ffordd y Betws, Betws

Dr. Huw WALTERS, Llyfrgell Genedlaethol Cymru
Llinos WATERS, 56 Heol Rhydaman, Tycroes
Mrs. Menna Tregelles WATKINS, Fforest, Pontarddulais
Dafydd WIGLEY, Bontnewydd, Caernarfon
Prifardd Aled Rhys WILIAM, Rhyl
Cesil WILLIAMS, Pantycelyn, Pentre-ty-gwyn
Parchedig Cynwil WILLIAMS, Penylan, Caerdydd
Mr. David WILLIAMS, 59 Erw Goch, Waunfawr, Aberystwyth
Mrs. Eirwen WILLIAMS, Siôn a Lisa, Pennant, Nantgaredig
Gwyneth a Mary WILLIAMS, 15 Heol Diana, Llandeilo
Marion Griffiths WILLIAMS, Bodwyn, Dolgellau
Oswald a Mary WILLIAMS, Neuadd Wen, Talyllychau
Steffan WILLIAMS, Maerdy Fawr, Ffair-fach, Llandeilo
Dafydd a Mair WYN, "Waunffynhonnau", Glanaman

Coleg Llanymddyfri - Dr. Claude Evans
Ysgol Gyfun Tre-gib, Llandeilo
Ysgol Gymraeg Teilo Sant, Llandeilo
Ysgol Gynradd Betws, Rhydaman
Ysgol Gynradd Garnant, Dyffryn Aman
Ysgol Gynradd, Llangadog
Ysgol Gynradd Llanwrda
Ysgol Rhys Prichard, Llanymddyfri

MYNEGAI